同传译员角色显身性研究

李 丹／著

九 州 出 版 社

JIUZHOUPRESS

图书在版编目（CIP）数据

同传译员角色显身性研究 / 李丹著 . -- 北京：九
州出版社 , 2021.9
ISBN 978-7-5225-0319-6

Ⅰ . ①同… Ⅱ . ①李… Ⅲ . ①英语—同声翻译—研究
Ⅳ . ① H315.9

中国版本图书馆 CIP 数据核字（2021）第 148551 号

同传译员角色显身性研究

作　　者	李　丹　著
责任编辑	高美平
出版发行	九州出版社
地　　址	北京市西城区阜外大街甲 35 号（100037）
发行电话	（010）68992190/3/5/6
网　　址	www.jiuzhoupress.com
印　　刷	北京亚吉飞数码科技有限公司
开　　本	787 毫米 × 1092 毫米　16 开
印　　张	10.5
字　　数	188 千字
版　　次	2022 年 3 月第 1 版
印　　次	2022 年 3 月第 1 次印刷
书　　号	ISBN 978-7-5225-0319-6
定　　价	70.00 元

前　言

译员角色是口译研究关注的重要主题,但是大部分研究针对的是交替传译译员和手语传译译员,对会议同声传译译员的角色研究则不为多见。从工作时间和空间上来说,会议同传译员的角色性很容易被忽视,似乎隐身性更符合其工作特点。

同传译员与交传译员一样,都不是隐身的。本书研究思路如下:先提出一个研究假设——同传译员角色具有显身性;以同传译员角色显身性为载体详述同传译员角色;对同传译员角色概念进行建构;针对同传译员的角色显身性作详述;讨论角色概念与角色显身性之间的关系。研究提出,同传译员的角色是指同传译员在同传工作情景下相对应的角色行为和角色期待,前者为同传译员角色定义的内涵,后者为外延。角色行为包括角色身份(角色权利、角色责任)和角色关系(角色立场、交际参与),角色期待则包含行为规范和行为模式。此角色定义的内涵部分构成本书的研究框架,本书利用文献研究法、理论思辨法、归纳总结法、语料法、观察法、调查法和统计法分别针对不同的研究问题进行论证。

研究认为,同传译员角色显身性具有唯一的接收方,即目标语听众。目标语听众所获得的译语话语信息和对讲者形象的感知与源语听众存在差异性,前者向后者无限靠近,影响其无限靠近的重要因素之一就是同传译员的显身性。译员的显身具有两个变量:展现自身形象,修饰讲者形象。研究发现同传译员的三种显身:译员通过话语产出明确展示自身形象并能为单语目标语听众识别,此为明示性显身;译员通过译语产出修饰讲者形象并暗示自身形象,此为隐含性显身;译员在两个讲者进行对话时的译语产出无法让单语听众明确判断译语的话语归属和发言者形象,此为模糊性显身。明示性显身和模糊性显身主要展现了译员的角色责任,隐含性显身则显示了译员的角色权责、立场和交际参与。研究语料显示,同传译员角色身份的显身性强于角色关系的显身性,符合同传译员工作的实际工作情况。

作　者
2021 年 1 月

目　录

第1章 绪 论

1.1 研究缘起

"角色"（role）一词来源于戏剧。在社会学中,角色被定义为"与社会地位相一致的社会限度特征和期望的集合体。一个角色就是由社会认可的行为综合模式,提供了一种认识社会个体的方法。同时,角色还是一种策略,应对反复出现的社会情境以及与其他角色互动"[①]（笔者译）。简单说来,角色是指"人们期望中具有一定社会地位或身份的个人所应有的行为"[②]。Mead（1952）率先使用角色概念来说明个体在社会舞台上的身份和行为,此后,"角色"被广泛应用于社会学与心理学的研究中。Goffman（1970）巧用了 Burke 的戏剧角色隐喻,以"角色"来解释人们日常生活中的互动和各自的身份,并指出,社会中的人总是在扮演角色,角色因人们自身的活动和互动人群的不同而发生着变化,两个以上扮演者（players）便构成一组互动。

1.1.1 译员角色研究

口译研究者很早以前便针对译员的工作过程阐述译员角色问题,但很多研究者并没有提及"角色"二字,因此较容易为人所忽略。译员的工作包括听和说,从这个角度来讲,译员既扮演听众的角色,也扮演讲者的角色。口译研究者将会议口译放在交际语境（communicative context）中进行研究,从交际的角度来描述译员的角色。比如,Herbert（1952）强调,译员的作用就是在国际沟通交流的服务过程中促成双方的交际,点明

---

① http://www.britannica.com/search?query=role
② 陆谷孙主编. 英汉大辞典 [M]. 上海：译文出版社, 2007：1723.

了译员的两个角色:"服务者"和"交际促进者"。在特定的交际场景中,译员既是"听众",也是"讲者":首先要听明白源语的意思(Seleskovitch,1978:11),再用目标语来表达这个意思以实现信息传递,最终的结果是让目标语听众明白信息内容,而这就是译员工作的主要过程。Herbert(1978)认为,译员应以一名优秀的公共演讲者的方式来表达译语,也就是说,除了"听众"和"讲者"之外,Herbert 还将"优秀的公共演讲者"的角色标签加诸译员。

Wadensjö(1998)使用话语分析的方法,对研究数据进行了描述,认为在对话口译中译员的口译功能和协调功能是同时发生的,彼此无法互相替代,由此指明了译员的两种角色:传译角色和协调角色。Gile(2000:297~312)总结了口译研究分类,在第六类口译职业问题中明确提到"译员的角色定位"问题,与译员的工作条件、工作环境,以及口译行业的社会定位等研究内容并行讨论。他认为,译员的角色定位属于译员职业领域范畴,是译员职业化不可或缺的一部分,也是职业译员必须正视的必要内容。Gile 将译员角色问题上升到职业化的角度来研究,凸显了译员角色问题的研究重要性。与 Gile 不同的是,Pöchhacker(2004:79)选择从另一个角度来定位译员。他对口译研究范式进行了分类,其中定义了 DI(dialogic discourse-based interaction)范式,指出此范式主要为研究社区口译活动的学者所采用。该范式借鉴了 Goffman 的"参与理论"(participation framework),指出在口译场景中,译员拥有"协调者"(coordinator)的身份,发挥"协调"(coordinating)作用。DI 范式于20 世纪 90 年代得到了蓬勃发展,研究者继续在话语分析的基础上进行实证性研究,主要集中在社区口译交替传译、媒体场景交替传译以及聋人手语传译等研究领域。Pöchhacker(2004:147~152)还将译员角色问题归纳到四大研究领域之中"口译产品与译员表现研究"(product and performance)这一门类,这一分类方式与前文提到的 Gile 的分类方式存在明显不同。Gile 提及的译员角色定位是从职业译员从业的高度以及译员提供口译服务的层面来讨论问题,研究着眼点并没有明确地涉及译员听、说、译等具体口译过程,而 Pöchhacker 则从译语产出、口译策略选择等彼此相关的因素来讨论译员的角色问题。两位研究者在研究译员角色这一主题时,研究领域存在重叠交叉之处,但总的说来,Pöchhacker 所进行的分类似乎更能包含 Gile 的译员角色研究;从研究着眼点来看,前者的讨论更加细化,而后者则更加抽象。

1.1.2 同传译员角色研究的缺失

值得注意的是，在 Pöchhacker（2004：83）的五种范式分类总结图中，只有 DI 这种范式是专门针对对话口译而开展的，这是否意味着，口译员的口译角色和协调角色仅仅存在于对话口译、社区口译等交替传译的场景当中？在会议口译，特别是会议同声传译的工作情况下，口译员又扮演着怎样的角色？在四个口译研究课题当中，过程研究、产品与译员表现研究（译员角色研究除外）、口译实践与职业研究、口译教学研究都同时关注交替传译和同声传译这两种传译形式，只有译员角色研究出现了"一边倒"的情况，即大部分研究都直接指向社区口译、对话口译、医疗口译等交替传译的形式，还有就是手语这种特殊的同传形式，对会议同声传译的译员角色研究则寥若星辰。

笔者认为，当中原因值得深究。

第一，从空间上来说，在以交替传译形式进行的口译场合（如：法庭口译、医疗口译、联络口译），译员都出现在交际现场，现身于双方沟通交际之中。笔者从多年的口译实践经验中发现，很多不习惯使用译员的讲者在讲话的时候往往不是看着沟通的另一方，而是直接看着译员，因为他们觉得译员是现场唯一能够听得懂自己语言并且帮助自己做跨语际沟通的人，所以自然而然地将译员视作语言传递的对象。交际双方都能看见译员，无法轻易忽略译员的存在。译员本人现身于沟通现场，如同演员现身于表演舞台之上并占有一席之地，更容易彰显其角色性，因此也更加吸引研究者的注意。同传译员在这方面则有天壤之别。同传译员"隐身"于同传间中，无论是在会场配备的固定同传间还是在临时搭建的移动同传间内，译员本人并没有现身于交际现场，沟通双方在视觉上无法清晰地看到译员，译员犹如不出现在舞台上的演职人员，很难让人不忽略。本体没有出现，其作用就没有那么直观，更加需要运用抽象思维来进行研究。

第二，从时间上来说，交替传译的口译场合有"话轮"的存在，一位讲者结束一个话轮，译员开始进行口译，然后由同一位讲者或者另一位讲者再开始另一个话轮，由此作规律性循环。交替传译需要占用一定的时间，在译员进行口译的时候，各方均安静聆听，基本不存在与译语同时出现的话语重叠。此外，在必要的情境下，译员除了传译信息之外，还会为沟通的双方做一些其他的工作，比如，协调会话进行，对某些事物做额外的跨文化、辅助性解释，等等。这些都让研究者更容易观察到译员除传译角色以外的其他角色作用。从这一方面来说，同传译员的做法又是另一种情况。同传译员以基本上与讲者同步的速度将源语译入目标语,听众接收同传译语信息只有若干秒钟的时间差。此外,同传活动中不存在同传译员参与其中的话轮交替,同传译员的"存在感"非常低,因此容易让人产生"译员完全隐身"的错觉,认为译员无非就是同时听、同时译,因此研究者更多地从认知、信息处理以及多任务(multi-tasking)执行等角度来研究同传译员的工作,对同传译员角色的讨论则不甚多见。

鉴于上述两点原因,同传译员常被视作完全隐形、地地道道的"传声筒"。笔者还听说过这样令人啼笑皆非的事情:某次使用同传的国际会议中有个别听众带走红外发射器的接收耳机装置,以为这个机器会进行自动翻译,可以留着以后看美剧用。笔者认为,有必要专门针对同传译员的角色及其非隐身性作深入探讨和研究。

1.2 研究意义

作为学术研究者,笔者认为此选题具有一定的学术研究意义。同传译员是同传活动的重要主体,长期以来却被排除在同传活动"角色"之外,为人所津津乐道的只有同传的"隐身性"和"传声筒"作用,其主动性和角色性被淹没于隐身性当中。在同传活动里,同传译员是最认真的聆听者,也是最负责的发言者,却不在沟通交际者之列,其空间上和时间上相对的隐身为其角色身份添加了种种矛盾,导致角色性模糊不清。笔者认为有必要从微观角度对同传译员所拥有的角色身份进行详细描述,证明同传译员与交传译员一样,有其特定的角色,并不是隐形的。

此研究具有一定的教学意义。厘清同传译员的角色,在课堂同传教学的时候就可以有针对性地扫除同传译员身份认识盲点,教师在对同传译语策略进行讲解时,可以从另外一个角度给学生以更具说服力的指导。

此外,对于专业同传从业人员,本研究具有一定实用价值。在同传实践中,译员意识到自身角色的存在,就更能发挥主观能动性,积极采取相应的信息处理方式,选择恰当的译语策略。总而言之,名正则言顺,言顺则事成。

1.3　研究内容和研究方式

Pöchhacker 曾经提出七大类口译研究模型：人类学模型；社会—职业模型；机构模型；互动模型；语篇模型；认知模型和神经模型（Pöchhacker 2004：85–109），本研究所针对的同传译员角色行为研究恰好落在"互动模型"这一领域。

本书提出一个研究假设：同传译员角色具有显身性。笔者将以同传译员角色显身性为载体来研究同传译员的角色概念，以真实语料作为基础数据支撑，对译员的角色显身性做详细的描述。

本研究的三个研究问题是：（1）同传译员的角色概念包含哪些内容？（2）同传译员的角色显身性是什么？（3）同传译员的角色概念与角色显身性之间有怎样的关系？

从研究方式上来说，笔者选择了一场真实的同传会议，对源语语言和同传译员的译语分别实施了现场录音并对录音进行转写。本研究利用该语料作为对研究问题和研究假设的证据支撑，本书分析的例子全部来源于这一真实会议。此外，本研究还针对职业译员进行问卷调查，大量资深同传译员（会议经验 10 年以上）是问卷调查的关注重点，调查群体呈现多语种多国籍的特点，以期展现问卷调查的代表性和可靠性。

1.4　本书结构

本书由六个章节构成。第一章为绪论，讨论研究问题的缘起，提出研究意义，介绍研究内容和研究方式。第二章是文献综述，对译员角色研究文献进行梳理，从中找到对本研究的启示。第三章在第二章的基础之上提出本书的着眼点、研究要旨和研究框架，描述关键定义，明确研究方法。此外，本章还将阐明语料的整理情况，包括工作语料的选择、语料库建设过程和筛选标准，并说明语料的局限性。第四章先对同传译员角色显身性进行定义和详述，提出角色显身的三个类别：明示性显身、隐含性显身和模糊性显身，并基于研究语料对三种显身性进行分类阐释，分析统计语料数据，本章还详述了同传译员角色行为和角色显身性的关系。第五章比照第四章的研究结果，将语料研究结果与问卷调查、译员访谈做对比分析。第六章为结论,对全书做最终总结,阐释本研究的创新点和研究价值意义,提出本书的缺陷性、需要进一步讨论的问题和今后相关研究的方向。

1.5　本章小结

译员角色一直受到口译研究者的关注。Gile 在口译研究领域细分的第六类口译职业问题中提到"译员的角色定位"问题,Pöchhacker 则对口译研究范式进行了分类,指出 DI（dialogic discourse-based interaction）范式主要为研究社区口译活动的学者采用,范式借鉴了 Goffman 的"参与理论"（participation framework）,在译员辅助的口译场景中,译员具有"协调者"（coordinator）身份和"协调"（coordinating）功能。Wadensjö 使用话语分析的方法描述研究数据,认为译员的口译功能和协调功能是同时发生的,彼此无法互相替代。许多研究者在话语分析的基础上对译员角色进行实证性研究,Pöchhacker 将译员角色问题归纳到四大研究领域之中的"口译产品与译员表现研究"（product and performance）这一门类之下。但是,笔者发现在 Pöchhacker 列出的四个口译研究课题中,过程研究、产品与译员表现研究（译员角色研究除外）、口译实践与职业研究、口译教学研究都同时关注交替传译和同声传译两种传译形式,只有译员角色研究直接指向以交替传译形式进行的口译活动场景,以及聋人手语这种特殊的同传形式,对会议同声传译的译员角色研究则不为多见。大多数对于同传译员的研究是从认知、信息处理以及多任务执行等角度来进行的。同传译员不出现于双语交际的现场,在工作时间和空间上都更容易被误认为完全隐身。

笔者认为,有必要针对同传译员的角色做深入探讨和研究,并提出"同传译员角色具有显身性"这一研究假设,以同传译员显身性为出发点对同传译员角色进行描述。本研究将以真实会议语料和问卷调查等方式作为研究的数据来源。

从学术研究、口译教学和专业实践三个方面来说,同传译员角色问题具有一定研究意义,能够厘清同传译员身份认知,为译员的译语产出策略提供理据。

第 2 章　文献综述

2.1　译员角色研究

2.1.1 早期译员角色研究

"角色"是一种关系概念,社会学家将其定义成一系列规范行为期待,与"社会位置"(social position)相挂钩,是分析译员表现时至关重要的研究点(Pöchhacker,2004：147)。在促成跨语言跨文化沟通的工作当中,译员受到沟通互动双方以及活动场景所在的社会环境中产生的特定期望值的影响。口译角色研究属于口译产出研究,已经成为最受瞩目的口译研究论题之一,社区口译的蓬勃发展更彰显了此主题研究的切合性。

Anderson 是译员角色研究的先驱者,他在 1976 年发表的关于译员角色的论文奠定了译员角色研究的基础,至今仍然发挥着极大的影响力(Pöchhacker & Shlesinger,2002：207–217)。Anderson 认为研究译员角色是很有意义的,能够帮助人们了解在同一语言社区中具有不同社会背景的人是如何互动的。Anderson 定义了口译场景的组成要素,指出口译活动发生在一个社会场景中,包括至少三个参与方(actors),这三个参与方可被定位成生产者(producer),译员(interpreter),消费者(consumer),有的时候,生产者和消费者由同一个参与者扮演。译员角色对于整个沟通过程来说至关重要,因为三个参与方中有两方是单语者,没有译员的帮助,除了使用一些简单的手势释意之外,交际双方根本无法进行有效沟通。

Anderson 认为,译员角色的研究存在三个方面的问题:某种程度上的不充分描述、角色超载(role overload)和角色冲突(role conflict),有必要做进一步的研究来详述这三点。

Anderson 引用了 Lambert(1955)的研究结论,说明双语者的语言行为受其双语语言习得的顺序、双语掌握程度以及双语系统融合程度的影响，这些因素又会反过来对译员的角色产生影响。首先，双语习得的顺序使得译员更可能对说自己母语的讲者产生身份认同。其次，译员的语言掌握能力会产生两种结果：一是译员理解一种语言比说一种语言更容易，进行双语口译时，相较于译出强势语言，译员更能成功地译入强势语言（dominant language）；二是语言掌握能力会影响译员对客户的身份认同，强势语言的身份认同度更高。

Anderson 指出，译员角色存在隐晦性和冲突性。译员一般同时服务于两个客户，是对两位客户负责的中间人（man in the middle）。译员的角色常常没有完整的定义和角色描述，因此译员往往不知道自己应该做什么，而客户常会期望译员做更多的事情。产生角色模糊性的原因之一是单一角色的不一致性，译员不知道自己是应该单纯地扮演"回音"（echo）角色，还是具有建议者（advisor）或者同僚（ally）的角色身份？人们到底期待译员有怎样的行为？研究译员行为社会性的时候，应该考虑到译员在工作中努力应对这些模糊性对其角色所造成的影响。

Anderson 在缺少足够实验数据的情况下，总结出一些可研究的因素，其中包括口译员与其客户之间的相对权利以及译员自己所认为的责任层级问题。他指出，强势译员（a powerful interpreter）可以有效地解决角色超载（role overload），要求客户轮流发言，经常停顿，一两个小时做一次休息，等等。译员在工作中常常会受到来自于双方客户的压力，无论译员做什么，还是很容易让一方客户不高兴。在国际谈判中，谈判双方往往会使用自己的译员来消除可能存在的译员角色冲突，此时译员的语言能力成为谈判团队的"弹药库"。而在单一译员的口译场景中，角色冲突的问题势必会给译员工作带来较大的困难。

译员处于沟通场景中的重要位置，其中间性有利于自身权利的行使，加上译员角色的模糊性，可以让译员有足够的灵活度来定义自己与客户互动的行为。因此，译员的行为会对整个口译场景结构产生重大影响。译员控制着整个沟通互动的模式，以及三角关系（the triadic relationship）结构，他可以选择性地进行翻译，跳译或者全译，而单语的沟通方却无法得知。

如果译员选择扮演双方客户的"忠实回音"（faithful echo）这一角色，事实上就是将自己放在"无党派"（nonpartisan）的角色定位之上，有的译员掌握着非常平衡的双语双文化能力，因此可能会保有比较中立的角色形象，但是考虑到上述讨论到的种种因素，这一点在大多数译员身上很难实现。译员的中立无党派角色会对活动团体结构、活动过程和翻译忠实性产生影响。Anderson 借用了 Simmel（1964）活动三元素（triad）的经典理论，认为"中介人"（mediator）这个角色比较适合用来形容译员的中立角色。译员以回音似地、最忠实的方式来传达讲者的话语内容，完全抽离于自己翻译的内容，不包含任何个人色彩。这种中立有不同的形式，比如，译员可能是对双方客户持有同等兴趣，也可能是因为对整个活动场景高度抽离、不带个人色彩。在这种情况下，中立的译员可以是一个公平但隐秘的操控者（manipulator），运用自己在沟通活动中所垄断的技术（口译能力）来行使权利，成为这个互动网络中的一种被动的因素（passive element）。

译员的权利不需要为实现双方客户的利益而平等使用。译员可以选择与一方客户结盟（ally），例如某一方客户可以要求译员不要将其话语翻译给另一方客户。如果口译活动场景结构发生了变化，一方客户成为了双语者，译员的这种权利便消失不见。但总的说来，译员是双语的中间人，受到客户往往互相冲突的期望值的影响；译员是有权利的一方，在沟通的过程中垄断者沟通技术而施行自己的权利。

口译活动中还有很多因素会影响译员的角色和口译活动场景，比如参与方的相对身份地位（包括社会阶级、教育水平、性别、年龄等），口译活动的性质（政治的、军事的、学术的、宗教的等），紧张程度（level of tension）（Young，1967），以及一种民族语言的声望度和人们对此种语言的态度等。

笔者认为，Anderson 针对译员角色进行的研究是具有开拓性意义的，研究涵盖了译员角色的几个重要方面。第一，他提出了口译互动的基本要素，即口译场景中参与互动的三方，以及译员与沟通的双方形成的三角关系，因此明确了译员参与互动的地位，阐述了译员角色不可或缺的重要性。第二，他指出译员的赋权性，认为译员因垄断了沟通技术而行使自己的权利。深究这一点，会发现这当中有一个"会否"和"能否"的问题，即：译员会否做权利的选择和能否做权利的选择，前者属于译员主观能动性方面的问题，后者则是译员角色规范的问题。但是，当语言能力及其他客观相关因素影响译员的口译能力和身份认同的时候，主客观因素会同时发挥作用，影响译员的角色选择。第三，译员的工作角色与客户的期望值之间是否能够契合，除了上述各种因素之外，还取决于译员的主观选择，即译员决定做些什么，行使什么权利让角色与期望值之间没有落差。但是，多方客户的期望值往往并不整齐划一，期望值的冲突性反过来又会影响译员的角色扮演与选择。Anderson 的研究指明了译员角色的关系性和译员的权利问题，为今后的译员角色研究奠定了基调。第四，他指出译员角色研究存在几方面的问题,比如,译员角色没有得到充分描述,角色没有完整定义,这些问题与"角色超载"和"角色冲突"都可以成为今后研究者研究关注所在。但是,Anderson 只提出了研究论点,并未对问题进行详述;在支撑论点的时候,他借用了其他少数几个研究者的口译活动观察资料,在研究方法上可以进一步推进,使其在观点阐述上更有说服力。

2.1.2 当代译员角色研究

学者 Sturge(1997)认为,跨文化领域中的翻译和翻译者研究一直到 20 世纪 90 年代才慢慢变得充实起来。美国学者 Angelelli 的从业经验、观察以及直觉让她相信一点:译员通过语言的使用与其他人员的互动,是不可能与影响人际关系的社会因素绝缘的。虽然一些专业的译员组织以及专业学校都倡导"译员应该是隐形的"意识形态,但是只要深入分析研究译员的洞察和态度,就会得出相反的结论(Angelelli,2004a,2004b)。她考察了不同性别、社会经济地位、教育程度等因素对译员自身隐身性和显身性观点的影响,并针对美国、加拿大和墨西哥共计 293 名通晓英文的职业口译员进行了抽样调查,这些译员分别来自于国际口译协会(如 AIIC)、国内口译协会、州专业口译协会,还包括特定专业领域的专业译员,如会议口译译员、法庭口译译员、医疗/社区口译员。研究针对专业译员对于在跨文化跨语言交际过程中对自身角色和自身行为的洞察,提出三个问题:译员的社会背景与其自身的显身性洞察(perception of visibility)之间有没有关联?不同工作性质的译员对于译员角色显身性和隐身性的洞察是否具有群体连续性(continuum)?不同工作性质的译员是否有不同的角色洞察?她的研究初衷是,虽然译员拥有处理高度复杂信息的能力,并帮助跨文化跨语言的交际活动,但是译员本身也是具有社会性的人,与其他的对话者共处于同一个交际活动中,其互动行为和个人关系一直都存在于文化规范(cultural norms)和社会图景(societal blueprints)中。

Angelelli 主要采取量化分析的方式,对比了不同译员(会议口译译员、法庭口译译员、医疗口译译员)的观点,分析了社会因素和译员对自身角色洞察之间的关系。研究结果提供了清晰的证据,说明每一个领域的译员都觉得自己的角色是显身的,而这对于会议译员和法庭译员这两类被臆测成最隐身独白式的译员群体来讲,尤具意义。研究结果还表明,译员自身的社会背景与其对自身角色的洞察存在一定关系,对角色洞察影响最大的是译员的工作场合。在不同场景中工作的译员都认为自己具有某种程度的显身性,也就是说,他们认为自己在建立信任、帮助达成互相尊重、传达效果和信息、解释文化差距、控制交际过程以及与某一方结成联盟的方方面面,都或多或少地扮演着某种角色,其中医疗口译员认为自己的角色是最为重要的(Angelelli,2004b:81~82)。

他还研究了口译活动中的语境因素以及交际参与方之间的关系,认为交际各方是对话的共同建构者(co-constructor)。研究选取了医学口译实例,证明译员并不是置身事外的无关者,也不是隐身人,译员通过口译活动采用不同的交际策略来建构和推动交流双方谈话,在工作中存在不同程度的显身性。译员是跨文化语境沟通中重要的合作伙伴,在交际过程中,译员展示的不仅仅是语言知识和翻译技能,而且还展示了“自我”(self)这一无法被遮蔽的在场显身因素。

正如 Angelelli 所阐释的那样,其研究具有一定的理论意义和实践意义。特别值得一提的是,他发现在以往的译员角色实证研究中并没有包括会议译员,因此她将会议译员作为考察对象之一(2004a:79~80)。有意思的是,在调查访谈中,一些会议同传译员认为 Angelelli 的调查问题并不适用,因为同传译员并没有跟客户互动,应该是完全中立的。受访者似乎认为,同传间将自己从两方交际过程中隔开,同传译员在这个过程中无足轻重;但同时又承认译员的工作帮助交际达成——这两个说法显然前后矛盾。Angelelli 还对远程工作的译员进行了研究(2003a/b,2004),发现译员在非面对面的交际中一样存在显身干预的情况,可见,同传译员对自己的身份似乎并没有非常清晰的认识。笔者认为,Angelelli 的研究专门针对专业口译从业人员,还特别把会议译员囊括在内,这是很有意义的,他明确指出在各种口译场合中,译员都存在某种显身性,研究者可以根据她的研究结论进一步描述显身的过程、深究个中原因,针对不同口译场景阐明译员的显身性。

按照 Pöchhacker(2004:13~25)的口译场合分类,笔者试将口译形式类型做以下粗略分类。本研究主题关注的是其中同声传译类别下的会议(包括高峰论坛、国际会议、研讨会等)同传译员,也就是说,传译发生在使用了移动或固定的同传房间和声音传输设备的会议场景之下。在类型划分的时候,笔者的依据不是口译的内容,具体说来,对联络口译、媒体口译和电话口译的分类从参与方现身的角度进行的:同为交替传译,参与各方都现身于口译活动现场的为联络口译,媒体口译的参与方除了现场的各方以外,还包含了电视或电台的观众和听众,而电话口译则是交际双方与译员不同时出现在同一个空间现场的情形。值得指出的是,对于联络译员和社区译员的定义,学界本来就存在一定模糊性,为研究方便,本研究将非外交政治场合的联络口译视作社区口译,与外交口译并列成为联络口译的一个子项。

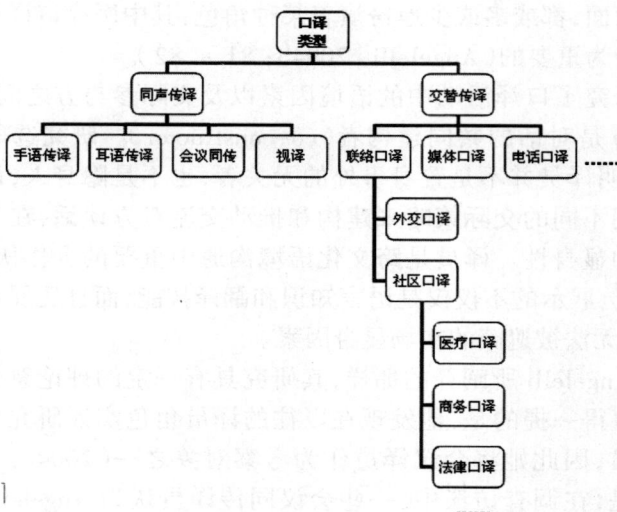

图 2-1　口译类型图

根据上述口译类型,以下笔者将回顾不同口译领域的译员角色研究情况(图 2-1)。

2.1.2.1　交替传译译员角色研究

1.联络译员角色研究

Knapp-Potthoff 和 Knapp(1987)研究了非专业译员在非正式场合中(不包括专业会议)所起到的作用,采用话语分析的方式,分析译员所扮演的中间人(man in the middle)角色。他们批驳了将译员比作机器的说法,认为译员作为中间人,可以利用主动参与的权利来帮助交际双方进行沟通。研究指出译员积极主动的显身性,但是研究目标是非专业译员和非正式场合的口译场景,因此研究结论在适用性上存在局限性。

瑞典学者 Wadensjö(1993)认为口译活动不单是语言现象,也是社会现象,是交流的双方和口译员共同参与的交际过程,口译活动并不是独白而是对话,对话传递的意义是所有谈话参与者共同作用的结果。社区译员(Dialogue Interpreter)是在特定语境中参与互动的双语角色,利用双语优势充分参与沟通交际。口译活动可被视作一种“交际行为”(act of communication),所有的言语都应该放在沟通背景之下来理解(Snell-

Hornby,1988：44）。如果不考虑场景因素,讲者话语内容表达的意思就会被曲解,沟通双方和译员所理解的内容就会出现不一致。从对话的角度来看待语言和语言使用,所有的话语都具有"回答"（answer）的性质（Bakhtin,1986：286）,并且包含时间提前性（retroactive）和能动性（proactive）。因此,Wadensjö 认为社区译员扮演着文化性社会角色,在特定的文化语境中工作,其工作是回答性的。社区译员的工作并不仅仅是个人交际行为,译员扮演着有职责的角色,在特定社会语境中进行互动;双语的社会语境中还包含了面对面的参与者。人们（包括一些专业译员组织）常认为,译员的工作无非就是把别人讲的话说出来而已,业内外人士讨论着单纯做翻译意味着什么,这个论题又直接指向另外一个话题:口译产品或者口译活动应该呈现何种状态。Wadensjö 指出"语言复制"（copy）说法的缺陷,认为针对不同的语境,对同一口译内容产出也会陷入无尽的讨论,正如 Bakhtin（1986）所言,一个话语内容总是会有更多的阐释,这是语言的特性。

Wadensjö 认为,解决这个研究困境的方法是采用描述的方式,使用真实的数据,观察译员译语产出的真实情形,再对比译员、口译使用方、分析者的理解和可接受的版本。他采用描述的方法,讨论社区译员的自我形象,指出译员掌握着双语资源,其身份认同来自于为互动双方所作出的贡献,社区口译员的工作包括帮助双方交换信息和体验（experience）;同时,译员在为双方话语做"分程传递"（relaying）和"协调"（co-ordinating）的工作,说明译员在工作中既要传递讲话人的信息,也要协调谈话的过程以帮助各方获得必要的社会服务。Wadensjö 在研究中发现,译员的译语（rendition）有以下几种类型:接近型（close）、扩展型（expanded）,简化型（reduced）,替代型（substituting）,总结型（summarizing）和不译型（no rendition）。他针对大量社区口译实例进行话语分析,发现微观的话语分析可以指明社区译员分程传递的工作行为,译员译语版本相对于源语呈现出两个走向:具象化（specification）和去具象化（despecification）。他指出,译员的译语有协调（co-ordinating）的作用或守门把关（gatekeeping）的作用。虽然没有明确的语料可以用于论证协调作用,但却可以说,协调通常只是在一种语言中进行,对象为该语言的使用者,同时分为明示（explicitness）和暗示（implicitness）两种类型。暗示的协调作用是指译员在做分程信息传递的时候所起到的协调作用,明示的协调作用则包括两种情况:一是译员回应前一位讲者,提出澄清的问题或者对其话语提出建议,此时将另一位讲者排除在对话沟通之外;二是译员向讲者澄清另一方的理解或另一方现在或者未来的行为。

Wadensjö 对译员"只需翻译所有内容"的传统看法提出质疑,开拓了口译理论研究的新领域,鼓励研究者从实际出发,从新的视角重新定义口译员的角色。笔者认为,Wadensjö 的研究非常具有启发性。首先,他明确了口译活动的社会性,指出译员不但充分参与了整个沟通交际的过程,还扮演着一个有职责的角色;其次,他提出利用描述的方式来分析口译产品和口译活动,使用真实数据论述译员的产出,再结合使用方的调查进行对比;再次,他认为译员的工作责任包括帮助沟通双方交换信息和体验,做分程传递和协调的工作,并针对大量社区口译实例进行了话语分析,总结了译员译语的六大类型,译语版本具象化和去具象化两个类别,暗示和明示的协调作用。综上所述,Wadensjö 的研究指出译员角色的工作职责和交际参与,而这两个角色内容是彼此互相联系、相辅相成的:工作职责引出交际参与,交际参与反过来又影响着译员工作职责的履行。其话语分析的结果能够彰显译员在履行工作职责、充分参与交际的过程当中,采用六种译语产出和具象化 / 去具象化的方式,起到或明示或暗示的协调作用。这些阐述都直指译员的显身性作用。可见,使用真实的语料数据来进行译员角色研究,收获颇丰,可以得出令人信服的结论,是探讨译员角色问题的好方法。

丹麦学者 Jacobsen(2009)指出,会议口译和社区口译的研究主题各不相同:前者集中在认知、神经生理学和神经语言学等方面,研究译员的行为和表现,如译员的记忆长度、时滞、意义区块(chunking)等;后者则关注交际方的互动(面对面 / 三方)角色感知和用户期待值,也有专门针对口译从业者的研究。他提出,原因之一是这两个研究主题存在形式上的不同(2009:156)。详见表 2-1。

表 2-1　社区口译与会议口译的区别

社区口译	会议口译
对话(dialogue)	独白(monologue)
自然口语 (spontaneous speech) 也有事先准备好的语段	事先准备好的语段 常常是有稿发言
相对较短的话轮	持续话轮
双语言方向口译	单语言方向口译

他指出,社区口译一直关注角色感知和期望,并阐述了 Lang 在 1976 年针对巴布亚新几内亚法庭口译员做的研究。该研究总结了当地口译服务的情况,提出,当译员被认为是"中间物"(intermediaries)的时候,译员

角色就被"玷污了"（contaminated）。Lang 在后续研究中（Lang，1978：24）提出，虽然译员的官方角色是一个被动的参与方，事实上译员积极地参与互动，当然，这种互动取决于其他参与方的决定，而后者会用语言提示（linguistic cues）和副语言特性（paralinguistic features）来告诉译员在什么情况下要参与交际。译员因此知道什么时候需要积极地参与互动，什么时候需要退出交际。

笔者认为，Jacobsen 对比的社区口译和会议口译，严格说来是非正式场合的交替传译和正式场合的同声传译之间的比较，两种不同的研究主体导致研究视角的差异。前者关注译员的交际参与性，采用的是外向型视角，而后者则关注译员的译语产出机制，更多是以内省型的方式来看待译员的工作过程。

爱沙尼亚塔尔图大学讲师 Mullamaa（2009）在 2003 年到 2006 年间开展了针对爱沙尼亚联络译员角色模式的研究项目，他访问了专业口译从业人员，总结出 217 份译员角色调查结果。研究发现，联络口译员认为自己在口译场合具有越来越多参与性，但是客户却对译员的中立性更感兴趣。他指出，在研究译员审视自我角色的时候，可以借用"专业自我"（professional self）和"个人自我"（personal self）的概念。相对而言，译员更加重视"专业自我"，但"个人自我"却并没有像以往研究所指出的那样被完全摈弃。在爱沙尼亚人民个性化（individualization）和民主化的进程中，联络译员的角色越来越具活力，译员在不同的社会阶层、不同的心态和不同的价值观中建立自己的角色概念。受访译员指出，相较于前苏联时期，口译的社会工作场合和对译员角色的要求都发生了变化。研究结果表明，译员越来越积极地参与口译场合的交际互动，互动角色并不像前人研究结果显示的那样仅仅与交际参与方的权利地位有关。译员专业中立性与专业自我相关，在话轮翻译的时候出现，而在亚对话（sub-dialogues）中，译员则可以表现个人自我。但是，Mullamaa 指出，译员出现个人自我的原因，既不是其自身的显身性（Mullamaa 认为这与 Angelelli，2004 的研究结果相悖），也不是娱乐客户（client entertainment）（这与 Katan & Straniero-Sergio，2001 研究结果相悖）。译员越来越多地参与互动完全是普通人交际（ordinary human communication）的结果，个人自我的显现是为了更有效地在沟通中进行合作，以彰显伦理道德和自在性（comfort）。

Mullamaa 引入了"专业自我"和"个人自我"的概念，采用全新的视角来阐释联络译员的角色。"自我概念"是社会心理学的研究内容，其内涵具有多个层面。心理学研究者认为，自我概念是对自我特征和能力系统性的概括,以及对自我、环境、他人之间关系的感知,是对自己行为和特征的描述和知觉评价。"自我概念"是多维的,涉及自我的各个方面,并按照一定层次组织起来,形成一种结构系统。它还可以是个人对自身形象、意象、认知、情感和意志的总体看法。具体说来,"自我"的内容包括三个方面:首先是自我认识,是指一个人对自己各种身体状况和心理状况的了解和判断,以及对自己社会关系的认识;其次是自我体验,即一个人在对自我认知的基础上产生的对自己一定的情感体验;再次是自我调控,指人们对自我进行认识,并由此产生一定指向的自我情感,在此基础上,人们往往会有意识地发动、控制与调节自己的一些思想或行为,结果是构成自我意向(Rogers,1951;Piers,1964;Shavelson,1976;Bengston &Reedy,1985)。Mullamaa 认为译员的专业自我致使译员在正式口译工作中持中立立场,而与客户进行亚对话的时候,则可以表现个人自我,但个人自我的展现并不是因为译员具有显身性。

笔者认为,Mullamaa 在论述观点的时候,应该进一步厘清概念关系。首先,在口译工作场景中,译员的个人自我和专业自我是密不可分的,个人自我是专业自我的基础,没有个人自我,就不存在专业自我。其次,个人自我的显现和译员的显身性并不具有因果关系,两者应为一种平行关系,译员在"亚对话"中彰显的个人自我,仍然发生在口译活动现场,译员并没有完全跳脱自己的工作身份,也就是说,"亚对话"仍然隶属于口译工作,旨在帮助译员更好地展现专业自我。正如 Mullamaa 所说,个人自我的显现是为了更有效地在沟通中进行合作。因此,从这一个层面上来说,个人自我的显现是译员积极参与交际而主动显身的结果,严格说来,这与 Angelelli 的研究结论并不相悖。

任文(2009:125~174)专门针对联络口译行了译员主体性意识研究,他从联络译员显身意识中发现,译员扮演着不同的角色。译员通过实施权利所体现出来的显身性主要表现在三个方面:信息把关人(gate-keeper),共同的谈话者(co-interlocutor)和交际过程的协调者(coordinator/mediator)。译员在翻译过程中不但需要对信息内容把关,还要对信息内容语言或非语言的表现形式把关。具体说来,译员采取提前告知、适当调整、省略相关信息等方法对涉及文化(亚文化)信息内容进行把关;而在对表达方式进行把关的时候,译员则会采用适当调整、省略不译、增补语句等策略。任文指出,联络译员非中立的立场观也是"联络译员的主体性意识的构成因素和表现形式",这其中包括了译员自我选择的非中立立场和当事人(机构)要求的译员非中立立场。"非中立立场是指译员在口译工作中无法完全保持客观、公正、不带任何主观性的判断或观点,以及绝对冷静、超然和不偏不倚的态度,而是可能在某些时候通过言语和非言语方式向当事人进行局部的、微妙的,而且常常是钟摆式的趋近或靠拢"(任文,2009：234)。任文指出了联络译员显身性在三个方面的表现,可以被视作联络译员的三种角色,而译员在扮演这三种角色的过程中展现了非中立立场。他认为"显身性是指译员为了帮助双方跨越交际鸿沟而超越了传统所赋予的语言符号转换者的角色,以积极参与到交际过程中的中介身份来协调交际过程。译员对自身的这种参与协调(而不仅仅是进行语码转换)功能的意识就是一种显身意识"(任文,2009：5)。

任文对联络译员的主体性意识进行了详实论述,他所定义的显身性实际上是指译员发挥主观能动性,跳脱语码转换的角色而参与交际。

其他研究者也针对译员角色权利和主观能动性进行过阐述。有研究者认为"帮手""传声筒""文化中介者"此类译员角色定位不适用于联络译员,认为译员是联络口译活动的权力人物,对口译的交际过程进行一定程度的控制。这种权力是联络译员应当拥有的权力,但并不是不受限制的,译员应考虑口译活动的背景和自身的能力来行使权力(蔡露虹,2006)。译员角色具有不同层面,社会对译员的期望和态度可被视作"规范层面",而译员对自身角色的态度则属于"个人层面"。多数情况下,在两个层面上,人们对译员角色具有不同的认识和期望,很难做到统一、重合。译员应该充分认识到自己的多重角色,发挥主观能动性,成为交际双方的得力助手和合作者。在实际工作中,有的时候译员可能会因为没有对自身的角色进行正确定位而造成过分参与;有的时候却是因为客户对译员角色认知错误,不自觉地给予译员过多的参与权限,致使译员陷入两难。因此应该让译员(或翻译中介组织)对客户进行口译活动"译前教育",让客户了解译员的工作过程,工作职责和免责事项(邹德艳,刘风光,2012)。这些论述都是从宏观层面来讨论译员工作中的角色扮演和权力行使,笔者认为,可以针对不同情形做进一步深入的描述,并深究其中原因,使得研究结论更具有说服力。

以下笔者将针对不同类别的联络口译研究文献进行综述。

（1）外交译员角色研究

施燕华（2007）指出,外交口译具有政治敏感性,翻译必须精确。合格的外交译员必须谙熟国家政策、国际问题、双边关系背景和双边文化。她列举了外交口译中的实际案例,说明在外交口译工作准备和实际工作过程中词汇选择应该遵循的原则。她提到,外交译员承担着对外解释的任务,也就是说,对一些国家政策的固有说法进行解释,让听众能够了解这些固有说法背后的意思。外交译员应当注意文化禁忌,在直译和意译之间掌握好平衡。施燕华是资深的外交翻译,她阐述了外交译员的工作实际情况,虽然没有明确使用译员角色的字眼,但实际上暗示了外交译员"政策解释者"和"文化沟通者"的角色。外交场合要求外交译员翻译的高度准确性,但是即便是在这样的场合中,译员仍然可以对相关内容进行解释,帮助文化沟通畅顺进行。

有的研究者专门针对中外记者招待会这样特定的外交口译场合,对译员的角色进行了阐述,认为译员是信息的传递者,文化的沟通者,外交的参与者。其中值得一提的是,研究者认为中外记者招待会的场景中,信息的传递不是简单意义的阐释,译员既是翻译,也是外交官(栗文达,赵树旺,2009)。笔者认为这里有两点值得进一步讨论。第一,将译员赋予"外交官"角色这一提法值得商榷。在授权上,外交官是代表一个国家从事外交事务的官员,其发言内容代表国家(或国家领导人)。虽然外交译员的身份是外交工作人员,但却不具有等同于外交官的授权,不能代表国家(或国家领导人)发言,译员只是将发言内容及相关信息以外交工作人员的身份用另一种语言传递出去。第二,译员主观能动性在外交场合是受到严格控制的,外交译员不能像在其他口译场合那样发挥主观能性,对于高度政治敏感性的内容,译员只能严格按照源语产出译语,只能对于文化性的内容进行解释,也就是说,外交译员主观能动性的展现更偏向于文化解释的层面。

(2)医疗译员角色研究

Drennan 和 Swartz(1999)讨论了南非社会政治变革给社会带来的快速变化和对口译活动的影响。尽管南非医疗服务体系中的语言服务资源非常有限,但研究者对译员在医疗服务语境下的多重角色做了颇多详细描述,有的描述内容存在较大争议性。有鉴于此,两位研究者在西开普敦精神病院(Western Cape Psychiatric Hospital)开展了一个译员评估项目,对译员和医生进行访谈,探讨医疗语境下的译员角色,关注译员作为语言专家、文化专家、病人的支持者(advocate)、院内治疗师(institutional therapist)等角色。研究指出,受访者对于接受"译员是病人支持者"这一说法存在障碍和困难。因为医疗口译中存在多方参与的情况,这为团队合作带来极大变动性,译员角色的明确定位存在较大不确定因素。

Bolden(2002)研究了医疗口译员在医生和病人之间建立沟通渠道时所扮演的角色,分析了译员积极参与医疗咨询过程,并指出这种参与是出于译员自身对于本职工作目标的理解,涉及的并不仅仅是翻译行为。医疗译员以不同的方式参与医疗咨询活动,在帮助、促进医患相互沟通的时候,译员主要传递的是与病人病症有关的信息,旨在保证沟通尽可能有效地进行。医疗译员与医生的规范取向（normative orientation）是一致的，即获得与病人病情相关的生命医学的客观信息。因此，医疗译员并不是交际中被动的一员，常常会做与诊断相关的事情，比如译员会选择不翻译病人所描述的主观性社会心理顾虑等内容。

Davidson（2002）讨论了译员在跨语言话语沟通中扮演的角色，认为早期研究把译员描述成"声音盒子"（voice boxes），仅仅将译员视作语言转换装置，并不足以形容整个口译过程。他认为，译员在持不同语言的讲者之间构建了语言上的共同点（linguistic common ground），译员必须参与构建（或重新构建）与语境相关的意义，这贯穿整个沟通过程。Davidson 还利用医疗口译的实例来论证口译过程中的话轮类别模式，讨论医疗口译中的常见现象。

Leanza（2005）利用现场语料和访谈，从医生、口译学者和口译员三个层面描述医疗译员的角色，指出译员扮演着"中立的翻译机器""患者家庭的支持者""文化融合的中介"等角色。Hsieh（2007）也利用语料分析的方法，发现译员常常会有意识地编辑医疗谈话内容，主动发起话论，发掘出医疗译员"共同诊断者"（co-diagnostician）这一不为常人所发现的角色。

苏伟（2010）认为，医疗译员的首要任务是帮助医生和患者完成交际。他利用现场个案研究和话语分析的方法，将某医院儿童保健科的一段对话录音进行语料转写，针对医疗译员在交际内容、交际形式和交际效果进行了详述。在交际内容上，译员会通过词汇补充、句式修改、句意增减、改变语用意义、改变语气等方式帮助双语会话的顺利进行；在交际形式上，译员采用了改变话语对象和会话序列的调整方式；在交际效果上，病人家属希望译员先让自己了解医生的意思，译员没有把握时要积极向医生和患者求证，保证信息的完整准确。苏伟指出，医疗译员要以交际双方的相互理解为上，促进直接沟通，弱化译员对交际进程的影响。笔者认为，苏伟针对医疗译员做的研究很有意义，他通过对语料分析阐述的医疗译员角色令人信服。从他的研究可以发现医疗译员的两难：不是医生，却要犹如医生般专业；译员没有理解的意思必须坚持问清楚，但同时又不能影响交际进程。值得一提的是，苏伟研究的个案中，译员是医院的专职翻译，也就是机构译员，从笔者的医疗口译经验来看，医疗译员受聘于医患的哪一方，直接决定了译员的角色。医生对于本医院的机构译员和对病人家属聘请的私人译员的信任程度是不一样的，病人家属则会更加依赖自己聘请的医疗译员。这种雇佣关系和信赖关系会在很大程度上影响会话进行的畅顺程度。苏伟的研究指出，病人家属对于译员有不满意的地方,却没有发现医生这方面对译员的批评。因此,有必要针对非机构医疗译员展开相关的研究。

综上所述,研究者对医疗译员角色研究呈现以下特点。其一,研究一致指出,译员并非只做简单的语言转换,而是全力参与交际沟通过程,译员工作并没有显现相关专业道德规范中订立的中立、隐身、不偏倚等特点,而是在做积极的显身。其二,在不同的情况下,医疗译员具有不同的显身程度和倾向性。有的研究发现译员是倾向于患者一方(Drennan 和 Swartz),也有研究指出译员更倾向于医生的规范取向(Bolden)。此外,医疗活动中除了医生和患者以外,还包括其他多方,对明确译员角色造成很大困难。这恰恰也说明,医疗口译场景是很复杂的,并没有一个放之四海而皆准(如一些职业道德规范条文所规定的那样)的译员角色模式能适用,因此值得研究者做详细描述和总结,细化工作场景分类,找出其中共性和导致译员角色变化或宏观或微观的诱因。

（3）商务译员角色研究

Takimoto（2006）针对七名译员进行了调查,分析澳大利亚日英译员在商务场景下的译员角色。他提及澳大利亚国家口译资格认证,当中的专业守则要求译员做到准确、公正、保密。虽然受访的七名译员都十分遵守该守则,但也都同时认为,在有的情况下这些守则会与实际的沟通效果和效力产生冲突。在商务口译场景中,译员是积极参与跨文化交际的一方,译员的作用是多元化的。Takimoto 运用了 Chesterman 模式和 Goffman 的角色理念,阐述了译员、其他角色(客户)和各种角色内容,包括名义角色和典型角色(normative and typical roles)、角色表现(role performance)。研究发现,在对话口译中,译员的角色期待是动态的,不同的口译任务,不同的客户,甚至是不同时刻都不甚相同,所以译员必须应对总在变化的客户期待。在商务对话口译场景中,至少有分别属于两种不同文化背景的两方客户,这就意味着可能存在多种彼此矛盾的期待。译员直接面对客户,因此客户的期待对于译员来说直接可见。Takimoto 指出,理解商务口译场景下的译员角色概念时,必须高度灵活。译员是动态的个体,可以积极地回应客户的期待,对自身口译行为作出调整,这是口译任务成功的关键所在。研究中的七名译员均表明,口译工作的成功需要运用灵活的口译策略,根据客户的期待拓展译员角色。因此,Takimoto 建议修订现有的行为守则,提升适用性,以更好地适应商务口译的需求,或者至少应该告诉守则使用者,现有的守则对于商务场景中的口译任务而言是存在局限性的。Takimoto 认为应该做更广泛的研究来讨论其他口译场景和语言组合中是否也存在类似的情况。

　　Takimoto 的研究再一次指出,行业行为守则与口译实践、译员实际工作情形之间存在断层,行为守则无法真正适用。译员角色是一种关系性概念,是相对于其他关系方而言的,无法独立存在;如果其他关系方的期待值不一样,对译员角色的认知和接受程度也会不同,由此而造成译员角色定位困难。Takimoto 的研究指出了口译互动场景的一个常见难题:如果不同的客户对译员有不同的期待,译员应该怎么办? 很明显,译员在这个时候无法依靠行业规范守则来指导自身的实践工作。在实际工作场合,译员往往会积极地回应不同的期待,调整并扩展自身角色,此时译员的角色显身性得到最大限度的彰显。

　　(4)法律 / 法庭译员角色研究

　　Morris(1989)针对一个真实的法律案例(the trial of Ivan John Demjanjuk)分析了法庭译员角色,此案例中译员做的是西班牙语和英语双向翻译,包括耳语同传和交替传译两种方式。研究指出,译员为女性,因此会在翻译过程中修改源语形式,比如,女性将男士的话语译入西班牙语时,在语法上必须采用阴性形式来表达,而不像源语那样使用阳性。此外,译员在话语风格、准确性和完整性上提高了源语的水平,修正、提高了话语语级(register)。但是,Morris 指出,这些操作影响了单语听众对源语的印象,因此应该对译员进行监督,确保译语风格的准确性,保证法庭程序顺利进行。

　　笔者认为,Morris 对法庭译员的研究指出了译员的显身之处,但这种显身存在客观和主观原因。比如,不同语言具有不同语法规范(如西班牙语名词与形容词等存在阴阳性,而与之相匹配的英语却不存在这种情况),女性译员的译语词汇采用阴性形式,以其声音和语法形式凸显了译员的显身存在,属于客观原因;主观原因是译员主动地在译语产出中对源语的质量和风格进行了修正提高。无论是客观显身还是主观显身,译员的显身效果都是针对单语听众而言的。客观原因产生的显身是单语听众可以辨别的,单语听众可以看到并能够分辨说话人和译员不同的性别,因此对译语中产生的阴阳性变化也能予以理解。但是,主观原因产生的显身是单语听众难以分辨的,正如 Morris 指出的那样,这会影响听众对源语的印象,进而影响到对讲话人身份形象的解读。

　　Laster 和 Taylor(1994)针对澳洲法庭译员来讨论译员角色、译员权利和工作现状等问题。研究指出,如果交际方明白彼此的角色和对彼此的期望,社会交际就能更加顺利,在口译交际场合,参与方应该明白各自的权责。法庭上各方、法庭口译员的角色和行为都严格受到法律正规程序的限定,包括穿着、上庭程序、谁可以说话、何时可以说话、谁可以提问、如何提问,等等。法庭译员拥有语言权利,但律师会限制译员在法庭内外的角色,因此译员一直被视作"中立的机器"(neutral machines)或"管道"(conduits)。两位研究者对此提出了质疑,认为译员角色应该是"沟通促进者"(communication facilitator)(1994:111),这一角色定位对于专业口译界、律师和译员的职责、口译服务质量甚至整个法律体系都会产生深刻的影响。他们提到 Guthrie(1986)的调查研究,该研究阐释了法庭译员的四种角色:语言专家(language experts),社工的辅助人员(aid to community professionals),非英语讲者的支持者(advocate for the non-English speaker)和文化桥梁(cultural bridge)。Laster 和 Taylor 认为,法庭译员并不是"支持者",因为译员不是律师,没有能力也没有权利提出法律观点或执行法律策略;译员不是文化专家,因为在法庭上为诉讼顺利进行所涉及的文化因素非常少。两位学者由此得出的结论是,应该将法庭译员定位成"沟通辅助者",这对于法律译员的专业化发展以及译员培训都有裨益,也能促进法律译员问责制的形成。

Mikkelson(1998,1999)讨论了美国法庭译员的角色问题,指出美国联邦法律和各州法规均明确定义了法庭译员的角色,给出了清晰的规范指导。美国法庭译员角色定义的基础是美国法律体系原则,遵循盎格鲁—撒克逊普通法系的传统。普通法系的一些特点,如陪审团制度(jury trial)和对抗性诉讼(adversarial proceedings),让美国的法庭译员与其他国家的同行们有着不一样作用(function)。但是,实际情况制约了这些规范的可操作性,让法庭译员无法真正成为文化和语言的桥梁。主要原因是美国移民潮为法庭译员带来了具有完全不同文化背景的服务对象,很多移民的教育文化水平比较低,为译员在法庭上的实际操作带来了困难。因此,Mikkelson 提出需要用新的视角来分析美国法庭译员的角色。

正如 Pöchhacker(2004:147)所说的那样,将译员比喻为隐身翻译机器的观点实际上植根于法庭口译,长期以来,法律拒绝给予法庭译员口译自由度,只将译员的角色限制在逐字翻译的范围之内。法庭译员负有一定的法律责任,相对于其他口译场合,灵活度更小,其"文化与语言桥梁"等角色作用的发挥受到很大的限制,从表面上来看,法庭译员似乎验证了"管道"论是站得住脚的。

综合以上研究可见,法庭译员是十分特殊的译员群体,译员角色存在相当程度的复杂性。研究者们都承认,虽然法庭译员参与口译活动交际被降至很低的程度,却仍不能将其视作"机器"或"管道",应当进一步深入研究分析法庭译员在法律的严格框架之下所扮演的角色。笔者认为,法庭口译和医疗口译场合存在相似之处。两者都受到严格的行业束缚:

一则为医疗行业,一则为法制体系;两种口译活动场景在很多情况下会产生性命攸关的后果,因而大大限制了译员的角色权责和交际参与。总而言之,医疗译员和法庭译员担负的责任更重,享有的权利更少,交际参与受到的严格限制更多。但是,在对实际情况的详细考察中,研究者发现译员并不是完全被动地产出译语,而是在辅助沟通的行进中仍然占有一席之地。相比之下,法庭译员的交际参与程度要低于医疗译员,也不像医疗译员那样可以有不同的倾向性,这恰恰是法律制度、法律体系的严格规定使然。

2. 媒体译员角色研究

Sergio（1999,2001）分析了电视脱口秀节目中的口译活动,利用的是一个意大利脱口秀节目语料库,包含 1986 年共计 200 多集 40 多种不同的脱口秀节目,涵盖 6 种语言和 30 个口译员,口译形式包括同声传译和交替传译。Sergio 对这个语言材料数据库进行了话语分析（discourse analysis）和对话分析（conversational analysis）,将语言视作一种行为和执行社会互动的工具。研究指出,译员角色和身份是由所有参与方共同塑造的。研究讨论的问题包括,译员和脱口秀主持人如何变换立足点（footings）来构建自己的言语行为（speech activities）,译员如何管理自己的面子（face）需要,译员如何为成功的互动作出贡献,等等。Sergio 认为,在脱口秀节目的口译工作中,译员表现了更大的显身性和参与性,在意思商榷、主题管理、话轮表现等因素上,电视口译场合对译员提出了更高的要求。他指出,采用社会语言学的方式研究译员角色,能帮助口译培训更好地满足口译行业的实际需求。

Sergio 的研究方法与其他的研究者明显不同,他没有以单纯的译员访谈为主要研究手段,而是善用语料库,利用话语分析和对话分析等语言学、语用学研究方法,用事实说话,研究结果非常具有说服力。但是,研究虽然同时包含了同声传译和交替传译两种形式,Sergio 并没有在话语分析中区分两者或作出对比。

Wadensjö（2008）研究了使用译员的 BBC 电视节目访谈（英语／俄语）中的多个参与方是如何沟通的。他指出,译员现身于访谈现场,在场性帮助译员塑造了这样一个形象:一个只是在做翻译的人（someone "just translating"）。译员是否能帮助两方有效沟通,除了译员的双语（英语／俄语）纯熟度以外,还取决于其他各方的沟通行为。沟通方将彼此视作会话伙伴（conversational partners）,与现场观众、电视机前的观众进行互动,将译员视作沟通交流的一个对象,却不是完全意义上的沟通交流。译员工作的有效性来自于对话轮内容语法、语用特点的预测。在面对面交流的口译工作场景中,主要参与方对译员角色的看法取决于对自身和其他参与方的看法。参与方即便不会说对方的语言,但可以通过互相关注和对视等方式将对方视作"普通会话伙伴"("ordinary" conversational partners)。会话参与方"很认真地"将译员视为隐身,帮助译员成为"某个在互动中没有利害关系的人"(someone holding no stake in interaction),因此,译员成了"某个只是在做翻译的人"(Wadensjö, 2008: 198)。

Wadensjö 对电视译员和手语译员角色研究都做过研究,但是研究关注点和结论不尽相同。在电视口译交际场合,主要参与方对彼此的看法决定了他们对译员角色的看法,在现场将译员视作隐形,让译员脱离了交际互动的厉害关系。这是一个令人十分意外的结论,因为在此之前,译员角色研究者并没有提及"口译使用方会主动将译员视作隐形"这一观点,许多研究都在强调,译员应该将自身视作隐形,而交际参与方却出于种种原因对译员有不同的期待,因此使得译员的隐形无法实现。Wadensjö 的研究结论再次证明,在不同的口译场合,口译使用方的期待及对译员的观感都不尽相同,译员所扮演的角色存在天壤之别,没有哪一种译员角色模式具有普适性。

3. 电话译员角色研究

Oviatt 和 Cohen(1992)针对电话口译进行了实证性研究,对比了由一位日/英译员辅助的电话会话和没有使用译员的电话会话。研究发现,电话译员常使用第三人称来指代交际的双方,第一人称所指的往往是译员自己;数据显示,电话口译中有 31.5% 的语言字数是译员在进行信息确认,而在非口译场合的电话沟通中,这个百分比是 23.5%。这说明,电话译员并不是人们常说的"管道",电话译员与其他面对面交际场合的译员一样,都在积极参与会话。

Wadensjö(1999)也进行过类似的研究,对比了同一组会话参与者在警察局场景中进行面对面口译交际和电话交际的不同情况。研究发现,通过电话沟通时,译员的翻译流畅性(fluency)和协调作用(coordination)都不及交际双方面对面进行沟通的口译场合。

Lee(2007)指出电话口译未受到足够研究关注,专门从译员的角度来研究电话口译。他对澳洲的韩语译员做了电话访谈,了解译员对自身角色的看法。研究发现,电话译员虽然没有现身于交际现场,在通过电话来为交际双方服务的过程当并不是被动的"传声筒",而是需要为交际双方提供除翻译以外的其他辅助性服务。

Rosenberg（2007）发现前人对电话译员进行的研究有两方面缺憾。一是研究数据样本量较小；二是研究似乎都有这样的预设：电话口译场合都是基本类似的，问题主要产生在语言差异之上。Rosenberg 本人担任过两年电话口译员，经过两年的数据收集，积累了 1876 份电话口译样本。他将样本分成三个类别：交际双方不在同一现场的三方通话电话口译，交际双方在同一现场并使用同一个电话（公放可让双方同时听到译语）的三方通话，交际双方在同一现场但是使用同一个电话（无公放，需要传递电话收听译语）的通话场景。研究发现，在电话口译中，客户常用第三人称指代彼此，而译员往往很难从电话传输的声音中判断话语的归属，因此译员在翻译的时候极少使用第一人称、更倾向于使用第三人称。Rosenberg 认为，在公共服务场景，译员将自己曝露在众多客户的场合，常常需要将自己的能力发挥至极限。他进一步提出，应该做深入的研究来讨论以下的问题：没有视觉辅助是否造成了译员不译或略译，这是否会对译语的效力和准确性造成影响。

笔者认为，值得继续深入研究电话译员角色的问题。第一，电话口译与其他场合的交替传译的工作条件截然不同：译员通过电话工作，没有亲临口译现场，无法获得视觉信息会对译员工作造成很大的影响。第二，电话口译所涉及的内容非常广泛，包括法律、医疗、商务等多种主题，译员同时背负着不同主题行业下被默认的行为守则，增添了工作复杂性。第三，研究者都指出，虽然电话译员在工作形式上更像"电话线"或"传声筒"，却仍然参与双语交际，这值得进一步钻研。

2.1.2.2 同声传译译员角色研究

1. 手语译员角色研究

McIntire 和 Sanderson（1984,1993）研究了为听障人士服务的手语传译译员，特别关注手语翻译场合中的权力问题，包括权力和赋权、性别和权力的关系，手语译员在法律口译场合所感受到的权力丧失（disempowerment）。研究指出，手语译员在为听障人士提供服务的过程中会面对一系列权利分配期望，包括译员的角色和听障人士责任的问题。译员对自己角色的认知发生了很大变化，原因之一就是听障人士与译员彼此互不信任。"帮手"（helper）模式将权力留给了作为手语服务使用者的听障人士，在这个模式中，手语译员"无权"（powerless）、"无力"（incompetent）。为保障自身利益，手语译员做了几次角色转变。一开始是转向机器／管道模式（machine/conduit model），拒绝为发生在听障人士身上的任何事情负责，以完全隐身的方式对所传递的信息免责。第二次转向是手语译员采用更加温和的方式，成为沟通促进者（communication facilitator），这让译员行使某种权利在工作过程中对所需信息作出询问，使信息内容传递得更加顺畅。作为沟通促进者，手语译员意识到自己对所传递的信息以及沟通的成功与否负有责任。值得一提的是，大部分手语译员在接受培训时，都习惯顺从"机器"模式，因此译员在转换跨越到"帮手"模式的时候，会产生很大的愧疚感。在这之后的另一次转向是双语双文化模式（bilingual and bicultural model），在这种模式中，译员可以将自己和服务使用方视作平等的、有权利有责任的两方。译员意识到自己是在两种文化中进行工作，对成功达成沟通负有自己的责任。同时，译员还意识到，译员角色也取决于客户需求，有的客户（特别是经常使用手语译员的人）希望译员只做"机器"，此时译员就要按客户指令办事。

McIntire 和 Sanderson 从历时的角度阐述了手语译员的角色转向，以译员的权利和责任为研究出发点，描述了译员从完全隐身到积极显身的过程。译员显身的过程伴随着译员对自己权利和责任的厘清，译员更加明确自己在工作中扮演的角色。同时，研究发现口译培训和实际工作情形之中存在断层，译员会因此出现"愧疚感"。具体说来，译员在实践工作中意识到，实际情况与自己所接受的培训教育灌输的原则存在很大不同，所以在工作中进行角色选择时会出现莫名的"愧疚"，导致角色选择模糊。

职业译员兼学者 Writter-Merithew（1986）总结了口译界对译员角色的描述名词，讨论了这些描述对手语译员工作视角所造成的影响。他总结了四类名称，即帮手（helpers）、管道（conduit）、沟通促进者（communication facilitator）、双语双文化专家（bilingual bicultural experts），名称种类涵盖了译员的高度参与性到高度抽离性的两个极端。有些听障人士的家人朋友一直在做手语翻译，他们将自己视作听障人士的帮手，无偿地提供建议，帮助听障人士与其他人沟通。随着手语译员对自己专业服务的认定，他们对自己的角色定位也发生了变化，由此产生了另一种角色模式：管道模式。译员使用"机器"的概念来形容自己的工作。"机器"概念是"帮手"概念的转向，译员相对抽离于沟通过程，不为沟通双方做任何决定。此种"管道论"引发了许多争议，正如 Writter-Merithew 所说，译员拒绝为沟通失败负责，所以客户认为译员冷漠而自私。"管道论"促使译员和研究者转而寻找一种能更好地形容手语译员角色的名词，由此产生了第三种角色描述：沟通促进者。描述建立在沟通理论的基础之上，指出一个沟通场景需要一名信息发出者、一条信息和一名信息接收者；译员是信息从发出者传递到接收者的一种渠道（Ingram，1974）。此观点具体体现在手语译员的道德准则中，描述如下："译员的唯一作用是促进沟通。译员不应该参与沟通，因为一旦参与沟通，译员就要为沟通的结果负责，而这不应该是译员的责任"（Caccamise et al,1980：13,笔者译）。这种观点指出，译员负责信息转换，却对沟通的结果免责，这是一种隐藏在"沟通促进者"之下的"管道"概念。这样的道德规范措辞本身就很矛盾。一方面，译员被视作一种外界因素，道德规范要求这种外力能起一定效果，促进沟通的进行，但却要求这种外力不能参与沟通的过程；另一方面，道德规范指出译员不应为沟通的结果负责，但是"促进沟通"的效果必须从沟通的过程和结果上进行衡量，也就是说，只有沟通的结果可以判断译员是否真正促进了沟通。

20 世纪 70 年代末 80 年代初，对手语译员的角色描述集中在跨文化的层面，指出译员应该明白自己在做跨文化跨语言的沟通。Cokely（1984：140）提到，很明显的是，一个人要能为两种语言两种文化的人做口译，首先就必须是一个具备双语、双文化能力的人，这个人必须对地区或方言差异非常敏感，对非语言差异、时间态度差异、个人地址写法差别等非常了解，而这类差异就是文化差异，这就是对"双语双文化者"的描述。

这些对译员角色的讨论，后三种角色虽然逐渐拓展了译员的责任，却否定了译员的高度参与性。而在实际工作场合中，译员总是以各种方式参与沟通活动。

Metzger（1999）解构了手语译员角色的中立性，认为译员既不是中立的隐身者，也不是无偏倚的中间者（impartial intermediaries），而是会话的参与者，用他们认为能够实现交际目标的方式来提供译语（Metzger，1999：23）。参与沟通的三方是彼此互联的，译员和会话参与双方都在积极地参与交际活动。他提出，译员的角色有别于其他两方，在研究的时候必须回答两个问题：如果译员也属于交际参与方，他是否应该像其他两方那样影响交际的结构和结果？译员是否能意识到采取何种方式才能将自己的影响降至最低？ Metzger 最后得出的研究结论是，译员身上并不存在中立性，因此译员必须知道自身的选择会带来怎样的影响，并作出负责任的决定。

Metzger 从"立场"的角度来研究译员角色，证明了译员身上必然存在的显身性，译员不是隐身中立而是积极地参与口译交际，译员对自身交际角色的选择会影响沟通互动的结果，但是，他并没有明确描述译员在何种情况下应该作出怎样的角色选择，不同的角色选择会给交际带来怎样的影响。

手语译员兼研究者 Roy 发现，对于口译行为的描述大部分都在解释、厘清译员角色，而对于口译行为的定义却差强人意，无法解释口译行为和口译性质。她研究了译员的角色隐喻，在总结隐喻分类的过程中发现这些隐喻塑造了"管道"（conduit）理论体系，限制了行内人士对口译行为以及译员角色的理解，因此非常有必要改变既有的隐喻视角。Roy（2002：346）提到，专业译员常常将自己形容为"中间人"（the person in the middle），是帮助两方沟通交流的某种渠道（channel）或者桥梁（bridge）。"渠道"做的事情很复杂，译员被要求忠实准确地传递信息，不带任何感情色彩和个人偏见。也就是说，译员在传递信息的同时，不能够改变信息的初衷，同时还要以非常准确的方式来表达信息，做到公正、中立。译员不能引出新主题、不能改主题，不能对信息表示质疑，不能表达自己的意见或建议。译员的这种角色常常被比喻成机器（machine），桥梁（bridge），电话线（telephone line）……，这些隐喻试图将复杂的译员角色浓缩、类比成一种简单的东西。这些隐喻都是对某一种需要的呼应，却也呈现出双重意义。一方面，它们描述了口译工作中同时发生多重任务的复杂性，提醒人们，译员在每个层面上都是抽离隐身的；另一方面，这些隐喻又鼓励译员要灵活，这往往意味着译员要参与到口译活动的过程中。这里出现了一个问题：译员应该有怎样的灵活度？译员应该在多大程度上"参与其中"？译员到底应该扮演怎样的角色（Roy，2002：352）？译员很明白，在某一些口译场景中自己必须积极地扮演参与者的角色，成为"沟通的同僚"（communication cop），因为译员是口译场景中唯一的双语者，掌握语言策略以及对话控制机制。也就是说，译员是积极的第三方，有潜力影响沟通的方向和结果；这个口译场景是跨文化的、在多个人之中发生，并不是简单机械的。

口译研究十分关注认知过程和语言学特点，很多描述口译员的隐喻是与口译认知相挂钩的，比如，学者 Solow（1980：ix）曾经指出，手语译员起到帮助听障人士与其他人沟通联系的作用，可将手语译员比喻成"电话"，因为电话是两个人之间的一种联系，却不会对沟通的双方产生任何个人性影响。这类隐喻强调，译员传递出去的是意思（meaning），不是形式（forms），但这个过程绝不简单，并不是简单的语码转换。Seleskovitch（1978）研究了意义产生的因素，包括背景知识，对讲者、主题和传递信息目的的熟悉程度。他虽然加入了一些社会学因素解释口译过程，但总体而言，仍是基于认知过程来研究口译活动，关注译员先接受信息，然后被动地传递信息的过程。Roy 认为,这种理论关注的主要是会议口译,当中有一个发言者发言,然后由被动的、无足轻重的听众对信息进行接收和重构。

还有一种研究观点认为,译员的工作是复杂的,不单单要看心理语言的过程,同时也要考虑互动沟通的系统。译员不是单纯地对信息进行处理,并对信息做简单的传递,而是需要同时掌握多个系统(如语言系统、语法系统、话语系统和突发应变系统),才能成功地完成工作。在阅读与口译活动相关的文章的时候,人们会发现诸如"沟通促进人"(communication facilitator),"中介人"(mediator),"语言中间人"(linguistic intermediary),"多语言多文化交流者"(bilingual, bicultural communicator)等隐喻描述。

Roy 认为,和其他有人参与的活动一样,口译活动是一种复杂的情景,上述对译员角色的描述都太极端,无法恰当阐释口译活动。大部分职业译员在实际经验中都学习到一点:译员不仅仅是在转换语言结构或进行语际文化调整,语义的传递是双向的,信息接收者也不是被动的。但是,口译业界仍存在彼此冲突的概念,一方面,业内人士——特别是针对手语译员——设定了严格的行业行为标准和期望,在独白式(monologic)的公共场合中,信息流基本上是单向的,信息接收者往往被视作被动的;另一方面,大部分口译员已经意识到译员的其他角色和功能,在实际工作中,译员在为沟通双方服务时,常常必须采取积极参与的态度。而"管道"概念排除了许多因素,这些因素却往往决定了意义判断。此外,人们一般认为译员的主要工作发生在语言转换的层面,其实不然。译员拥有更多对话者(interlocutor)的角色。虽然上述四类隐喻阐明译员并不只是口语信息的传递者,却把讨论的重点放在了如何完整、恰当地译出源语,因此还是将译员的不参与性作为讨论的基点,其中心论点仍然可以用"管道"(conduit)一词来概括。Roy 还回顾了译员角色描述的研究历史,发现在研究一般性口译活动的文章中,用来形容译员角色的词汇并没有发生实质性变化,译员仍然被形容为中介人(mediator)或语言间的渠道(channels between languages)。但值得一提的是,手语翻译领域的译员角色隐喻却发生了很大的变化,手语口译研究者不断更新隐喻词汇,专业手语翻译因而产生了工作视角上的变化。

笔者认为,Roy 对译员角色的研究可以更加广泛地应用于一般性口译场合,并非只限于手语口译情景。她的研究极具意义,原因如下:第一,她提出有必要重新审视传统研究中的译员角色隐喻,改变隐喻视角。译员的工作角色是十分复杂的系统,但传统隐喻却倾向于将译员角色简单化,用单一喻体指代译员角色,此外,相关隐喻都是以译员的不参与性作为讨论的基本出发点,其性质仍属于"管道"理论;第二,她指出传统隐喻一方面指出译员应该隐身,但另一方面又要求译员在某些场合下具有一定灵活性,这样自相矛盾的要求让译员不明就里,不知道应该如何拿捏得当;第三,Roy 认为手语研究者在译员角色研究上迈出了崭新的步伐,对译员角色词汇进行了更新,影响了手语译员的实际工作视角。由此可见,译员角色研究具有很重要的实际意义,能够从真正意义上影响甚至指导译员的口译实践工作,不应只被视作理论性描述。

2. 会议译员角色研究

Kondo(1988)阐述了日本译员的社会地位情况,指出日本译员在社会地位、经济收入、文化地位等方面,都处于较低位置,在很多场合中,人们会把同传译员当成同传设备的一部分。日语的特性和日本文化的高语境性(high-context)造成了译员传递信息和沟通的困难。他(Kondo,1990)认为同传译员能帮助跨文化的语际交流,译员可以事先跟讲者沟通,让讲者明白怎么做能够达到更好的跨语境、语际沟通效果,但是有一些事情是同传译员不应该做的。他提到两种描述会议同传工作内容的方法,一是语用行为法(pragmatics-behaviourism approach),将所有的行为视作沟通的一部分,而沟通是为了引起另一方的回应(response),此时不论采取何种语言或者非书面的沟通形式,译员工作的目的就是帮助产生这种回应;另一种方法是"交际学派"(communications school)模式,认为译员是协调者(mediator),Kirchoff(1976)将其称作"三方 – 双语模式"(three-party, two-language model)。其中,讲者、译员、听众是构成模式的三方,而讲者/译员,译员/听众分别是具有共同语言的群体,两个群体存在着不同的语言文化背景,听众接收到的信息内容是从译员口中传递出来的,并猜测那是讲者想要表达的内容。有时译员应该进行字对字的翻译(Kondo,1990:62)(比如说在讲者照着文本朗读或讨论的时候),即便这种操作会导致翻译腔(translationese)或者得出误导性甚至是截然相反的语义印象。无论译员能力多强,译员并不是总具备在两种语言文化中游刃有余地进行转换的能力。

Kondo 还指出,话语的发出者和接收者生活在完全不同的世界里,不可能对一个事物有完全相同的理解和概念,译员也一样——译员的理解和译语只可能是一种近似值(approximation)。即便是最接近的信息,传递到接收方的时候,也可能因为接收方的感知能力和接受能力而受到影响。在定义译员角色的时候,应该联系信息发出方和接收方的角色定义,而非单纯地给出"协调者"这类笼统的全方位角色名称(omnipotent roles)以期译员能在特定的语境中完成所有有效沟通的任务。有一些事情是信息发出者必需知道并处理的,还有一些事情是信息的接收者应该知道并负上责任的,只有这样,译员作为"协调者"才能理想地完成沟通工作。有鉴于此,译员应该积极地告知受众:作为信息的接收方应该做哪些事情。基于这一观点,Kondo 阐释了在同传场合中,人们不应该期望译员去做哪些事情。比如说,同一种表达可能会因为很多因素而有多种解读,有时讲者以为不言而喻的东西却并不一定是接收者能理解的,而在大多数场合,没有讲出来的东西通常不需要翻译,如果译了,译员就必须冒过度翻译(over-interpreting)或者"越权"的风险。有的时候即便是讲者讲了一些东西,而肢体语言却有相反的意思,译员明明知道,却也不能越权翻译出肢体语言的实际意思。

Kondo 的研究站在译员的立场,为译员发声,阐明了译员的权利和责任。首先,他所指出"沟通是为了引起回应"的语用行为法,从逻辑上说来,与 Bakhtin 提出的"回答"论(Bakhtin,1986:286)十分类似。他提出译员的工作是为了引发这种回应,可以将其视作译员的工作责任。其次,Kondo 明确指出,最优秀的译员也不是万能的,为了实现有效沟通,信息发出者和信息接收方也应该负上自己的责任,译员有权利去"教育"讲者和听众,如何为有效沟通尽自己的一份力量。这一论点一针见血地指出"讲者 – 译员 – 听众"三方是一个整体,都对有效沟通负责,而并不像以往人们认为的那样,所有的责任都在译员身上。权利和责任是相互的,在有效沟通的过程中,同传关系三方的角色也是相互的。因此类似"协调者"这一笼统的角色字眼,对同传译员来说并不总是适用。再次,对同一样事物的理解因人而异,正如"不同的人眼中有不同的哈姆雷特"那样,译员不可能让所有的信息接收方都理解到同样的意思。Kondo 研究的主题可以用"译员无法做到的事情"或者"同传使用者不应该要求译员做的事情"来概括。他对同传译员权利的阐述发人深省,值得研究者做进一步探究。

华沙大学的 Kopczyński(1994)曾经就会议口译质量的问题,分别针对两组人群(受话者和讲话者)进行了调查。参加者中有 20 名人文工作者(包括语言学、历史学、经济学领域的工作者和律师)、23 名科技工作者(包括科学工作者、工程师和医生)以及 14 名外交人员。这 57 名受访者并不是与会代表团人员,而是发言者或 / 和主办方人员。其中,关于"译员角色"问题的问卷调查统计结果如表 2-2 所示(Kopczyński,1994:191)。

表 2-2　Kopczyński 的译员角色调查表

	讲话者		受话者	
	是	否	是	否
移情	89.5	10.5	94.7	5.3
模仿节奏	68.4	31.6	68.4	31.6
模仿声音强度	52.6	47.4	36.8	63.2
模仿手势	21.1	78.9	7.9	92.1
译员隐身	57.9	42.1	84.2	15.8
译员更正讲话者	52.6	47.4	60.5	39.5
译员总结发言	42.1	57.9	31.6	68.4
译员增加解释	52.6	47.4	52.6	47.4

　　Kopczyński 对不同类别的受访者分别进行了调查,发现所有类别的受访者答案最一致的是"移情"和"译员隐身";受访者认为译员应该模仿讲者的话语节奏和声音强度,不用模仿手势,并且允许译员(有保留地)纠正讲者,加入解释,但这一点与"译员隐身"的看法又自相矛盾。令人意外的是,讲者认为自己的话语内容可以被译员纠正,但听众却反对这种做法;大部分受访者认为译员不应该总结性地翻译讲者的发言内容。对于译员"隐身"这个问题,人文工作者的要求最低,外交人员的要求最高。刘林军(2004)提出,统计表中的前后结果有自相矛盾之嫌,既要求译员隐身又希望译员发挥自身作用。但刘并没有把问题解释清楚,他认为,对译员隐身的要求与对译员移情的要求是一致的,译员做到了移情就实现了隐身;而表中后三项都是译员为成功交际所作出的努力。

　　笔者对此持不同看法。表中前五项内容要求"译员隐身",译员模仿讲者,从"情(思想、感情、观点)和节奏、声音强度、手势"方面尽量向讲者靠拢;后三项则对译员显身提出了要求,让译员站在听众的角度,为实现有效的信息传递而作出选择。虽然过半讲话者和受话者都同意译员纠正讲话者,但受话者的人数比讲话者的人数多了一成,这似乎暗示着,讲话者对于译员纠正自己的话语这一点的期望没有受话者来得强烈。这可能是因为讲话者是话语的产出方,希望保留自身的话语权威。只有三成受话者认为译员应该对讲者的话语进行总结,这是除了"模仿手势"之外比例最低的一项,可见受话者更希望听到与讲话者话语内容一致的完整译语,译员对话语做总结性处理似乎有逾庖代俎之嫌。从 Kopczyński 的调查统计可以看出,讲话者和受话者一方面希望译员完全隐身,另一方面又希望译员在"内容准确性完整性"上能够有某种程度上的"显身",其中种种,矛盾重重。此外,译员何时应当显身,何时应当隐身,界限模糊不清。该调查研究指出对译员角色显隐性上,会议口译的使用方并没有清晰的答案,显现出该角色期望值调查研究的局限性。

2.2　译员角色研究反思

2.2.1 角色隐喻

Pöchhacker（2004：147–152）总结了译员角色研究,指出译员角色总是与一些"媒介"功能（intermediary functions）相联系,比如信使（messenger）、向导（guide）、谈判者（negotiator）。进入 20 世纪,口译变得职业化之后,人们开始用更具体的名称来规范译员角色,让"角色"这个问题成为口译伦理、实际操作以及专业规范的必要组成部分。

有一种观点把译员看作"讲话者之间持中立立场'非人'的一方"（non–person in a neutral position between the interlocutors）,因此在专业领域和教学领域,广泛存在一种理念:总的说来,口译员可以被比作机器,把 A 语言直译入 B 语言（Knapp–Potthoff & Knapp,1986：152）。这种机械论（mechanistic）产生了一系列译员角色比喻:忠实的回声（faithful echo）、渠道（channel）、管道（conduit）、转换装置（switching device）、输送带（transmission belt）、调制解调器（modem）、输入 – 输出机器人（input–output robot）（Roy,1993/2002）。第二种观点来自于法庭译员,认为由口译员协助沟通的场景活动之中存在着语言、社会文化和互动性方面的复杂情况,应该重新定义（法庭）口译员角色:更显身、有责任的"沟通促进者"（communication facilitator）。其他的观点来自于研究医疗口译的学者,认为译员是一种文化中介（culture brokers）,是病人的支持者（advocates）,在跨文化的医疗场解决权利不平衡的问题。

笔者认为,上述分类略显粗放,有必要对译员角色隐喻进行详细的总结,审视人们对译员角色描述的根本出发点。为此,笔者对相关隐喻试作出以下分类:

1. 声音

回音

2. 传输装置

管道,渠道,传送带,桥梁,电话线,传声筒……

3. 机器装置

开关装置,调制调解器,输入输出机器人,复印机,电话机……

4. "人"

无党派人士(non-partison),中间人,中介人,建议者,同僚,沟通的同僚,操作者,语言中间人,多语言多文化交流者,沟通促进人,帮手,双语双文化专家……

学者辜正坤在《译学津原》一书中曾提到,在学术研究中要警惕修辞手段的误用,对一些翻译比喻应提出应有的质疑,他认为:"理论家易于只看到喻体的相似之处,而忽略这一事实:逆向慎思之下,可能会发现相异之处其实更多。所有好的方法和意图都有可能在效果上适得其反,在阐述主张或构建理论时使用修辞手段尤其如此"(辜正坤,2005:12~13)。

总结以上译员角色隐喻,问题颇多。抛开一些无稽之谈(如,"开关装置")不谈,译员角色隐喻可以分成四个大类。

第一类形容的是传递的东西与原物体(声音或内容)一样,如回音(声音的重复)、传声筒、电话机(原声音的传递)、复印机(内容的重复)。第二类隐喻指的是单纯传递物体的管道,而物体不会因为该管道发生变化,被原封不动地从某一处传递到另一处,如管道、渠道、传输带、电话线。"管道"隐喻是由美国人质语言学家 Reddy 首先提出的,他将观点和思想等视作物体,将词语当作管道,信息发出者将自己的观点放到词语中,传给信息接收者,信息接收者一旦将词语从管道中取出就完全接收了信息发布者所传递的观点(Reddy,1979)。将译员喻作管道的说法是将 Reddy 的观点做了二次转移:将译员当作管道,信息发出者将源语话语内容放到译员身上,让译员传输出去,以期译员用目标语传递的内容与源语信息保持一致。可见,"管道"隐喻的表面逻辑与第一类隐喻的逻辑一样。第三类隐喻是一种转码装置,如调制调解器(能将数字信号转换成模拟信号在电话网上传送,也能将接受到的模拟信号转换成数字信号的设备)和输入输出机器人,这类装置一经开启,就会自动转码并将信号传输出去,同时这种传输可以双向进行。虽然这一类隐喻更加靠近译员所做的事情,但却包含了自动性和转码性,转码的自动性完全否认了译员的主动思维和对意义的理解,因此不适用。第四类喻体为"人"的比喻描述了译员工作的某个方面的性质和角色,但单个比喻无法涵盖译员的所有角色。

前三类隐喻将译员物化,强调了译员的不参与性、非人性(non-person)以及自动转码性,第四类中的"无党派人士,中间人,中介人"的说法直指译员的隐身,但其他几种角色描述都是从不同的角度指出译员主动参与会话的某个方面,是译员显身性的体现。

2.2.2 译员角色研究特点

从文献回顾可以看出,前人针对译员角色研究呈现如下特点。

第一,从研究对象来看,大部分研究集中在交替传译形式下的各种口译场合。相比之下,专门针对同声传译(手语传译除外)进行的会议译员角色研究显得非常薄弱。有研究者阐述了个中原因,认为同传译员在同传间工作,并不显身于跨语言沟通交际的现场,与客户毫无互动,因此就连译员自己也常常认为自己真的是隐身人,更无角色可言。同传译员在做传译工作的时候,因为沟通的双方没有话轮交替,同传译员在同传间里基本上没有机会在双方的沟通中表达自己的意见(Knapp-Potthoff & Knapp,1987:182)。同传活动和同传译员工作呈现在时间、空间上的特点很特殊,容易将译员归入"隐身"的一类,直接导致"机器论"在同传译员身上更显合理。

第二,从研究关注点来看,焦点大多集中在角色期望、角色显隐、角色权利、角色责任、角色立场、交际参与和角色影响因素等方面。其中角色显隐和交际参与是译员角色研究的两大重点,值得一提的是,在讨论这两个主题的时候,研究者的结论大多是"非此即彼"。也就是说,如果研究者认为译员具有显身性,便会得出整齐划一的结论:译员不是隐身的,是显身的;译员不是孤立在外的,是参与交际的,完全否定译员的隐身性和抽离性。

第三,从研究方法上来看,大部分研究者对译员角色进行详细描述,对特定人群,如译员、口译服务使用方、口译活动主办方等进行问卷调查和访谈,有的研究者专门分析了某次特定的口译场景,还有的研究者建立了语料库,利用话语分析等社会语言学方法对研究主题进行论证。

2.2.3 既有研究对本研究的启示

很多学界研究者也是专业译员,他们从不同的视角,借用翻译学和跨学科的理论框架,结合自身的实战经验,对译员角色进行了扎实的研究并取得了相当成就,对本研究起到非常大的学习借鉴和启示作用。

但是,许多研究只是从一到两个视角进行单一研究点的描述,严格来说,只研究了译员角色这个大主题中的一点,并没有对译员角色的这一具有多个面向的研究对象做连续性、多视角阐述;多数研究仍然处于对个人经验做感受式总结的层面,主要采用问卷调查的方式,研究结果主观性略强,研究结论尚待有力的数据支撑;对会议同传译员进行的角色研究严重不足,这引起了笔者的研究兴趣。

译员角色概念具有多个层面,从前人研究的着眼点可窥豹一斑,单一视角的描述不能涵盖译员角色的多元性。笔者认为,可以借鉴前人研究,将译员角色这个概念进行动态建构,为此,有必要重新审视"角色"一词的定义。

第一章提到,角色(role),也可视作"社会角色"的简称,指个体在特定社会关系中的身份及由此而规定的行为规范和行为模式的总和。具体说来,就是个人在特定的社会环境中相应的社会身份和社会地位,并按照一定的社会期望,运用一定权利来履行相应社会职责的行为。它规定一个人活动的特定范围和与人的地位相适应的权利义务与行为规范,是社会对一个处于特定地位的人的行为期待。在社会生活中,处于一定社会地位的人扮演着多种角色,集许多角色于一身,这形成了一个角色丛。

笔者认为,会议同传译员的角色由内涵和外延两部分组成,内涵部分直指译员本身,外延部分则关系到包括沟通双方在内的获得同传服务的用户,其中关系和具体内容如图2-2所示。

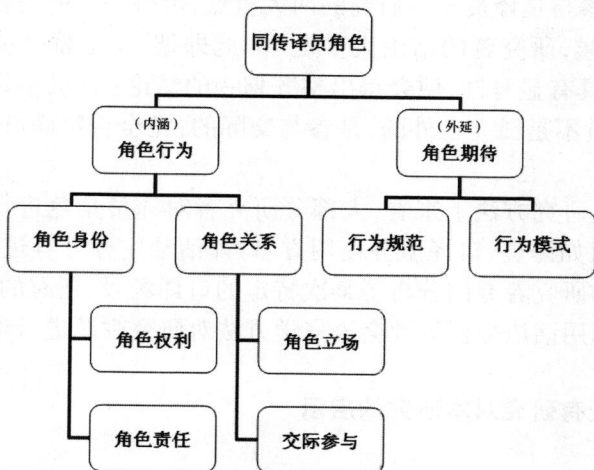

图 2-2 同传译员角色定义图

根据此图,笔者试对同传译员角色作出定义:同传译员角色,是指同传译员在同传工作情景下的角色行为和角色期待,其内涵包括角色身份和角色关系,即译员的权责和特定交际关系中的立场与交际参与,外延则包括译员的行为规范和行为模式。

对同传译员的角色进行构建有一定的研究意义,能为同传译员角色研究提供基础研究框架。只有明确了同传译员角色概念的内涵和外延,才能在研究中有的放矢;厘清同传译员角色构成的要素,方能描述多维度的译员角色,认识各个要素对角色的影响,避免以僵化固定的视角来看待译员的角色。

2.3　本章小结

作为译员角色研究先驱,Anderson 指出口译交际的基本因素是口译场景中参与互动的三方,译员与沟通双方构成一个三角关系,明确了译员参与互动的地位,阐述了译员角色不可或缺的重要性。他还指出译员的赋权性,认为译员垄断了沟通技术因而能够行使自己的权利。学者 Angelelli 发现,以往对于译员角色进行的实证研究并没有包括会议译员,因此她将会议译员作为研究考察的对象之一,发现同传译员对自己的身份并没有非常清晰的认识。Angelelli 明确指出,译员在各种口译场合都存在某种显身性。

笔者回顾了各类译员角色研究,发现大部分研究都集中在交替传译形式下的口译场合。相比之下,专门针对同声传译(手语传译除外)进行的会议译员角色研究严重不足。研究关注焦点大多集中在角色期望、角色显隐、角色权利、角色责任、角色立场、交际参与和角色影响因素等方面。借鉴学习了前人的研究之后,本研究构建了同传译员角色概念,提出同传译员的角色由内涵和外延两部分组成,内涵部分即译员本身的角色行为,外延部分直指外界对译员的角色期待。

第3章　研究设计与研究方法

3.1　研究设计

3.1.1 研究假设与研究框架

前文提到,虽然"角色显隐"是译员角色研究中的常见主题,但研究关注点比较单一,笔者认为,译员的"角色显隐"是多维度的。

在上一章定义的同传译员角色行为中,角色身份里的权责和角色关系中的交际参与有一个共同之处:在界定和描述其性质的时候,都可以用"有"或"无"来回答。而对于角色关系中的角色立场,多数研究讨论点集中在是否中立之上,也就是说,可以用"是中立的"或"非中立的"来描述。可见,"有无"和"是非"的回答皆适用于同传译员角色内涵部分所有因素的描述。深究起来,这两种回答其实是"显身"和"隐身"的另一种表达方式:有,即为显身;无,则为隐身(见表3-1)。

表 3-1　角色显隐内容表

角色行为	内容	显	隐
角色身份	角色权利	有表现	无表现
	角色责任		
角色关系	交际参与	非中立	中立
	角色立场		

由此,笔者找到了对本研究颇具启发性的一对关键词——"显"和"隐",并试做以下初步定义:显,是指同传译员在同传活动行进过程中所表现出来的权责和交际参与,以及非中立的角色立场;隐,是指同传译员在同传活动行进过程中权责和交际参与表现的缺失,以及中立的角色立

场。需要特别指出的是,有必要区分"是不是有表现"和"是不是应该有表现"这两个概念。前者指的是译员自然而然呈现出来的显身,而后者考查的是这种显身是不是合法合理,本书所讨论的关注点是前者,也就是对译员的显身或隐身表现作描述,不究其合法合理性。

综上所述,本研究先提出一个研究假设:即同传译员角色具有显身性;将显身性作为描述同传译员角色行为的研究载体,而同传译员的角色行为则构成本研究的研究框架(见图 3-1)。

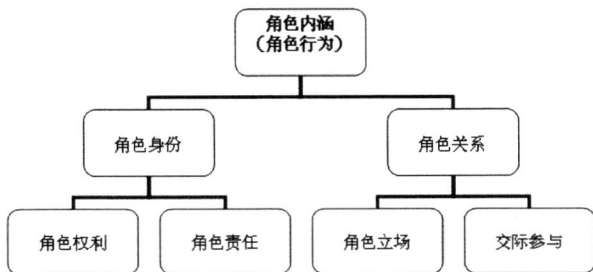

图 3-1　研究框架图

3.1.2 研究问题的关系

本研究有三个研究问题:(1)同传译员的角色概念具体包含哪些内容? (2)同传译员具有怎样的角色显身性? (3)同传译员角色行为与角色显身性之间存在怎样的关系?

这三个问题之间是彼此相关、层层递进的关系。笔者首先对同传译员角色概念进行构建,指出角色概念包含内涵(角色行为)和外延(角色期待),其中内涵部分构成了本研究的研究主体框架;其次,本书将讨论同传译员的角色显身性,指出角色显身性在同传译员工作中的体现;再次,本研究将通过译员角色显身性来彰显译员角色行为,也就是说,以角色显身性作为载体和出发点来讨论译员的角色行为,厘清同传译员角色行为和角色显身性之间的关系。研究问题 1 建立同传译员角色概念,奠定全书的基础研究框架;问题 2 定义出研究载体(角色显身性),构建译员角色显身性概念;研究问题 3 则统筹前两个研究点,以问题 2 作为研究载体来讨论研究问题 1,以及两者之间的关系。三个研究问题之间的关系可以用图 3-2 来表示。

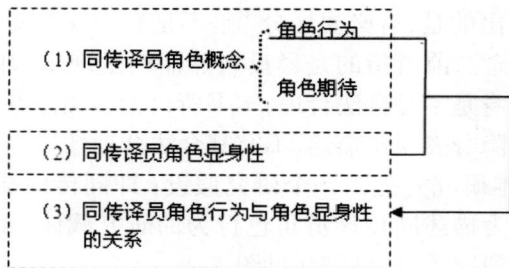

图 3-2 研究问题关系图

3.1.3 关键定义

3.1.3.1 隐身与显身

前文对译员角色隐喻做了初步分析和讨论,在"回音""传输装置"和"机器装置"三类隐喻中,传输的东西本身不会因为这种"管道"发生变化,原封不动地传递源语内容;喻体为"人"的隐喻虽然不再将译员物化,但主要涉及的是译员隐身性,只有少部分描述了译员在不同程度上主动参与会话的某个方面。归根结底,这些隐喻关注的译员角色性质仍然出自两个对立的因素:显身或隐身。

译员的隐身性和显身性是经年累月的研究话题,研究者曾做过详细阐释。Venuti(1995)认为译者的角色有两种,要么在翻译时使自己隐身,让读者阅读翻译文本的时候感觉不到明显的源语言踪迹,要么让自己显身,使翻译文本具有明显的源语言特征。

Angelelli 的调查研究挑战了"译员是隐身的"这一迷思(Angelelli,2004:82),她对从业译员的隐身性和显身性进行了详尽的调查,研究结果发现,口译员(会议口译、医疗口译、法庭口译)的背景因素,如年龄、收入、自我定位等,会对其角色感知造成一定影响。但是,译员并不认为自己是隐身的。在三个领域工作的译员都认为自己有某种程度上的显身性,但不同领域的译员显身性感知程度不同,医疗译员的显身性感知比法庭译员和会议译员要大得多。Angelelli 特别指出,大部分译员认为自己无论是在面对面的沟通还是非面对面的沟通中都是显身的,因此研究结果对于传统上认为最隐身的译员(会议译员和法庭译员)有更重要的意义。但是,她在问卷调查和访谈中发现,一些资深的会议译员(特别是同传译员)仍坚信,自己的职业操守和工作性质决定了自身的隐身性和中立性,应该严格恪守专业协会操守章程的规定。由此可见,尽管存在着不同的声音和看法,资深同传译员还是非常坚持在工作中保持隐身和中立。Angelelli 指出,隐身性的一个前提推断是,译员对交际的后果不负任何责任,如果译员完全信奉隐身性和中立性,就可以逃脱范畴界限和责任的问题(the entire question of boundaries and responsibilities)(Metzger,1999:22);此外,另一个可能性是,隐身性可以为译员赢得信任,而信任是会议译员所必需的(Angelelli,1999:22)。

Bertone 指出,译员加词或者误译其实是一种角色入侵,展现了译员的显身性。口语常常带有视觉的隐含意义,所以在一般情况下,讲话者会看着受话的一方。同传译员却修改了游戏规则,建构了一个新的空间,听众听到的是译员的声音,看到的却是讲者;译员被视作某一个不存在于当下的人,同时又是一个无处不在的人(Bertone,2006:54–55)。如果同传译员的语音语调未能恰当地传达出发言者的情感,戴着耳机听译员译语的听众就会觉得所听和所见发生了错位。由此可见,视觉和听觉上不一定总存在着一致性,导致了译员的显身。

有的研究者认为,"译者隐身是人们的主观意愿,在现实中并不存在,无法作为职业操守被践行,显身才是译者的真实存在状态"(任蕊,2010:540 ~ 544)。

总结说来,前人对译员显隐性研究的关键讨论点在于:译员隐身性是指译员做口译的时候忠实、完整地传达出讲者的话语信息,不带丝毫个人的观点、情绪、意愿。"管道理论"倡导的是译员的隐身性,将译员"机械化"使之成为隐形人。显身性是指译员经过策略的运用、权责的彰显、立场中立性的偏移、交际的参与而烙上了译员身份的印记。

笔者认为,同传译员不存在绝对意义上的显身性或隐身性。首先,同传译员的显身性是绝对的、必然的。同传译员虽然不像交传译员那样在空间位置上直接出现在口译场合,让交际双方无法忽视,却也以最简单的方式——声音——让人们知道他 / 她的存在。无论讲者是否了解同传译员的工作方式和性质,在发言前都会被告知其发言内容会被以同传的方式翻译成目标语,也就是说,讲者知道有另一个人在以不间断的方式为自己做口译。对于直接使用同传服务的一方来说,听众通常能够很直观地看到说另一种语言的讲者,同时通过同传接收器的耳机收听译员的译语,经过这样的操作,听众当然明白听到的不是讲者的发言话语,而是译员的译语。因此从这个意义上来说,译员的存在是必然无法隐形的。其次,同传译员的隐身性是相对的、偶然的。当源语和目标语译语的字词结构、句子结构、表达方式等语法和语义内容出现暂时对应的时候,译员便可被视作暂时隐身。也就是说,只要两种语言出现字词层面或者句子结构层面耦合对应的地方,就能够让译员"机器般地"传译机械性对应的内容,即可被视作一种隐身——尽管这种机械性隐身的时间很短暂。从这个层面上来说,"机器论"似乎也并不应该被全盘否定。正如 Robinson(1991:29)所说,在某些学术会议的场合中,同传译员的工作变得更具机械性,译员的反应变得常规化(routinized),此时的译员更像讲者的话语机器人(speech robot)。

值得一提的是,前人针对译员显身隐身性的研究,往往只针对一个方面,常以"要么隐身,要么显身;要么中立,要么非中立;要么孤立在外,要么参与交际"为关注要点。但是,笔者从多年的口译工作中发现,在口译活动中,译员角色存在着动态变化的过程,在从隐到显或者从显到隐之间摆动,显隐之间有很多灰色地带和过渡区域,译员并不是非显即隐的。

深究起来,同传译员的角色显隐是译员主动选择的结果,如果译员没有发挥主观能动性,就不存在真正意义上的角色显隐。无论显身还是隐身,都是译员积极主动的选择。在同传场合,译员所有的选择决定都发生在瞬息之间,或显或隐是互相转化且交替出现的,呈动态发展,因为一切都发生得太快,所以很容易为人忽略。为本研究方便起见,笔者再次试对同传译员的隐身性和显身性做出如下的假设性定义:在本研究中,同传译员的显隐性就是同传译员在进行同传的过程中是否彰显了自身的角色身份(包括角色权利和角色责任)与角色关系(包括交际参与和角色立场),是即为显身,否则为隐身。

3.1.3.2 译员的责任与权利

笔者在多年的会议同传工作中观察到不少啼笑皆非的情况。

场景一:讲者以"超音速"发言,流利地朗诵纸稿发言,却事先不给译员任何准备资料,译员在同传间里心跳加速,挥汗如雨,口干舌燥,极尽嘴快之能事,却仍然被投诉没有"译全"。

场景二:讲者说话缺乏严谨逻辑,前言不搭后语,因果倒置,口齿不清。译员跟随讲者的逻辑,听清楚语音语调已属不易,没有能量替讲者美化译语,听众听得如堕云里雾里,于是断言:译员水平太差。

场景三:讲者的话语信息与听众的背景知识信息有误差,听众的第一感觉是:译员翻错了——讲者是专家,怎么会犯这种低级的错误?

场景四:一些双语能力较强的听众常会在会议间歇出现在同传间门前"指教"同传译员,认为译员的译语(有时已经无可挑剔)有误,而往往仅仅是因为译员的译语和有双语能力的听众选择了不同的翻译词汇。

场景五：在培训授课类的会议中,听众(即学员)对教师(即讲者)不满意,关系陷入僵局。教师面对学员进行解释时会加入:"可能是因为翻译没有把我的意思清晰地传达出去的缘故,让大家对我的授课内容存在多种疑惑……"同传译员在同传间里面面相觑,却仍然要敬业地翻译这一句批判。

场景六：讲者和听众花了数十年在某一专业领域工作,彼此都是行业专家,译员只能照字面意思进行传译,未能穷尽所有含义,招致讲者和听众的不满。

场景七：译员工作时间超时,疲惫不堪之际处理源语和译语的速度放慢,精准度降低,招致投诉。

……

这样的场景不胜枚举,每一次会议都是一次特殊的场景,笔者大概总结出几点貌似滑稽的规律:讲者通常是对的,有错也是译员的错;讲者有讲错的权利,可以没有逻辑,但是译员没有任何权利翻译错,不能没有逻辑;听众是上帝,听众有权挑剔(无论出发点是什么),译员无权解释,解释等于掩饰;再优秀的译员在发挥正常的会议工作中,也会收到负面评价。

专业译员一坐进同传间,就不断地听到分别来自于讲者、听众、会议主办方的各种声音和意见。大家都认为译员提供的是同传服务,服务对象是讲者、听众以及会议主办方,但是,众口难调时译员应该怎么办? 译员知道直译、意译、概括译等策略需要视不同的情况而定,可是策略选择的根据到底是什么? 接受专业训练的时候,译员被教导要翻"意思",但应该是指多大程度上的"意思",弦外之音算不算意思? 什么时候该和盘托出?

笔者认为,长久以来,同传译员身上的责任和权利混淆不清,造成了译员尴尬的身份状态,甚至可以这么说,在同传活动过程中,同传译员一直被边缘化,译员"被隐身",被剥夺了很多权利却又被赋予许多责任。同传服务使用者一方面要求译员的译语产出要完整、准确、有逻辑、及时,不得改变源语的形式和内容,另一方面,又要求译员在讲者话语混乱的情况下做勘校的工作,理清混乱的逻辑,更正讲者口误,而要做到这些,就必须在某种程度上改变源语的形式和内容。如果译员真的是管道,是话语机器人,就理当会"废进废出,种瓜得瓜"(garbage in garbage out),但是人们却要求译员"废进宝出,种瓜得豆"(garbage in treasure out)。以上种种,矛盾百出,要深究原因首先必须厘清译员的责任和权利。

Niebuhr(1963)对"责任"做出了定义,他认为,某人要负责任,首先要能够对某事作出回应（to respond to something），但在此之前必须明白要去回应些什么，也就是说，要明白给自己制造了回应机会的某个场景或者问题。弄明白这个问题，搞清楚了整个语境说的是什么，而接着就要决定用怎样合适的方式作出回应。因此责任落在保持行动的一方，这一方要接受行动的结果，作出恰当的反应，而当下采取的行动是为了进行持续的互动（Niebuhr，1963：64）。简单说来，责任就是一个人应尽的义务，其分内应做的事情，是一个人在相应的社会关系中应当进行的价值付出。

权利常被视作法律用语，是"指公民依法应享有的权力和利益，与义务相对"[①]。在法律语境之外，权利的意思是"对获得某物或以某种方式做事情的合理合法的诉求"[②]。权利通常包含权能和利益的两个方面。权能是指权利能够得以实现的可能性，它并不要求权利的绝对实现，只是表明权利具有实现的现实可能；利益则是权利的另一主要表现形式，是权能现实化的结果。权能具有可能性，利益具有现实性。也可以说，权能是可以实现但未实现的利益；利益是被实现了的权能。因此，权利有着应然权利和实然权利之分。

对于同传译员来说，权能是指译员利益得以实现的可能性，包括同传译员的双语语言文化掌握程度、同传技巧、现场应变能力、与客户打交道的能力，等等。译员的权能是译员实现权利利益的前提条件，但具有这些权能并不能保证译员权利的绝对实现。权能得以实现会给译员带来现实的利益，比如译员会因为出色的工作促成有效成功的沟通，因而得到用户的赞赏，赢得良好的业界口碑，实现某种程度的心理满足感和成就感，还可能获得再次提供同传会议服务的机会，更现实的利益则是取得同传服务费用。本研究讨论的译员权利属于译员的应然权利，也就是译员为了保证自身同传工作顺利进行的权能，目的是为了保障有效成功的语际沟通。

为了更好地生存与发展，人与人之间建立了各种各样的社会关系。所有社会关系的核心内容都是价值关系或利益关系，即在所有的社会关系中，任何人一方面应该进行一定的价值付出，另一方面又应该得到一定的价值回报。中国法学家夏勇（2001：48）认为，权利具有五个要素。第一个要素是利益（interest）。一项权利之所以成立，是为了保护某种利益，因为利在其中。从这个层面上来说，权利是受到保护的利益。利益既可能是个人的，也可能是群体的、社会的；既可能是物质的，也可能是精神

---

① 阮智富，郭忠新编著. 现代汉语大辞典 [M]. 上海：上海辞书出版社，2009.
② Stevenson, A. *Shorter Oxford English Dictionary*(*Fifth Edition*)[M]. Oxford: Oxford University Press. 2004.

的；既可能是权利主体自己的，又可能是与权利主体相关的他人的。第二个要素是主张（claim）。如果没有人对一种利益提出主张或要求，就不可能成为权利。一种利益之所以要由利益主体通过意思表达或其他行为来提出主张，是因为它可能受到侵犯或随时处在受侵犯的威胁中。第三个要素是资格（entitlement）。提出利益主张要有所凭据，即要有资格提出要求。第四个要素是力量。它包括权威（power）和能力（capacity），一种利益、主张、资格必须具有力量才能成为权利。力量首先要有不容许侵犯的权威或强力，其次是能力。第五个要素是自由。自由是权利本质属性和内容之一，通常指权利主体可以按个人意志去行使或放弃某项权利，不受外来的干预或胁迫。如果某人被强迫去主张或放弃某种利益、要求，那么就不是享有权利，而是履行义务。

　　笔者认为，在同传活动场合中，同传译员的利益是针对译员个人而言的，包括物质和精神两部分，物质利益就是获得同传服务报酬，以及潜在的更多的会议服务报酬；精神利益是指译员获得心理满足感，提高业务自信心。此外，同传译员通常是两人（或三人）一组搭档轮替工作的，因此译员的精神利益还包括自身同传能力为同行所认可并获得业界尊重。但是，同传译员传统的"隐身"形象让译员成为没有"主张"的人，译员的自身利益往往得不到满足，甚至会受到威胁。为了保证同传译员利益的实现，译员应该有自己的主张。主张之一是译员对工作环境的要求，比如在同传间内是否能看到讲者和听众的全景，同传设备是否能够满足工作需要，传入耳机的声音条件是否符合同传工作需求。主张之二是译员对讲话者的要求，虽然在实际情况中往往难以做到，但并不代表译员不应该有这样的主张。比如，讲话者至少应该保证由始至终使用麦克风发言，满足译员工作的最基本的声音要求，讲话者如果照稿宣读，应提前将讲稿转给译员做好充分的准备，讲话者的语速应控制在一定的合理范围之内，以保证同传工作的准确、顺利地展开。主张之三是译员可以主动按需选择译语产出策略，为了保证沟通的有效进行，译员有权或省略，或照字面翻译，或意译，或不译，或总结性翻译。译员应该有资格提出自己的利益主张，而一切主张都是为了一个目的：保障并实现有效、畅顺、成功的语际沟通。同传译员作为权利主体，要具备享有和实现利益、主张或资格的实际能力和可能性。最后，同传译员是有自由的，在同传工作条件没有达到的情况下，可以自由地选择或转换工作策略。比如，有的译员会在服务合同上明确指出，在讲者口音极其浓重无法听辨的情况之下，译员有权不翻译。

　　同传译员的责任和权利是一组互相依存的关系概念，体现了译员与其他活动相关方的价值关系,任何社会关系都不可能只存在价值付出而没有价值回报,同传关系也不例外。传统的观点只注重译员的责任,倾向于忽略译员的权利。在本研究中,译员的角色权利是指译员在同传活动关系中应得到的价值主张,包括译员正当的利益、主张、资格和自由;角色责任是指同传译员应该进行的价值付出,包括译员接受同传工作任务所必需履行的可具体描述的职责。

3.1.3.3 译员的立场和交际参与

某个人的中立性是指与其他互动方的关系,只能通过"相对于谁而言中立"这种比照才能判断得出来,发生在被置于两方以上的参与者之中的某一方。译员就是这样的参与者。字典里中立性①的意思是,既不积极也不消极、不站在有争议的两方的任一立场上、没有明显的特征、不置可否(indefinite)(笔者译)。与口译活动相关的中立性的可以被理解成没有个人的利益在内,以开放的态度来看某个议题,不依附于任何一个沟通方。

Gurianova(2010:24)认为,译员会影响到交际双方沟通互动的过程,在某种程度上调解着(mediating)沟通双方的互动。如果译员能影响互动,就不应该被视作完全中立而无偏倚(impartial)。Wadensjö(1992:268)指出,既然"中立性"是关乎立场的名词,那么对于译员来说问题就在于:中立是相对于"谁"或相对于"什么"?她认为译员必须对自己提供服务的所有参与者持中立立场。译员可能或多或少感觉对某一方更加忠实(loyal)一些,或者对某一参与方的目标(the participant's goals)更加忠实一些,但是,译员必须将这种感觉与口译工作分隔开来,以保证成功地完成工作。这需要译员与口译活动其他参与方保持一定的距离,可能导致译员省略一些译语不译。比如说,一个参与方提醒译员开始翻译,会说:"告诉我他说了什么。"译员并不总会将这样的话语内容翻译给另外一方。也就是说,译员并没有把针对译员本身而说出的这类话语翻译成另外一种语言(Wadensjö,1992:268)。但是,Metzger(1999:3)指出,这个例子似乎又指出另一个中立性问题:译员可以对自己的话语产出选择保持中立,无论这些话语是否从别人的口中说出,也就是说,译员可以通过省略译语来展示自己的中立性。

尽管 AIIC 的伦理规范并没有涉及中立性这一点,但是会议译员似乎

---

① Morris, W. *American Heritage Dictionary of the English Language*(*The 4th Edition*)[M]. Boston: Houghton Mifflin Company, 2001.

都认为自己应该保持中立,译员应该采取中立的立场好像已经成为会议传译工作理所当然的工作标准。但是,译员也表示,完全的中立是很难达到的。比如,参加过纽伦堡审判同声传译工作的 Less 就这么说过:保持中立真的不容易,你与可能杀害了你父母的人坐在同一间房间里,但是你不能让自己的感觉干扰工作;你宣誓保证尽可能忠实地翻译,把讲者的意思传递到听众的耳中,而我们正是这么做的 [①](Gesse,2005)。

可以这样假设,一个中立的译员是不会以任何方式与互动方相关联,不会帮助任何一方,不同情任何一方,不让自己的信仰和知识影响工作或对互动双方的态度,不对会议的主题掌握任何预先信息(prior information),对会议的结果漠不关心。简单说来,理想的译员应该是"非人的"(non-person)(Gurianova,2010:38)。在同声传译的场合,译员普遍认为自己不需要与客户互动,因此而保持中立,根本不存在立场的问题。同传译员似乎觉得,同传间将自己与沟通过程分隔开来,译员在这个过程中并不是一个关键的参与者(Angelelli,2004:80),同声传译必须制造一种不存在的幻象(Miram, 1999:82)。

笔者认为,交际指的是人与人之间通过语言、行为等表达方式交流意见、情感、信息的过程,是人们运用一定的工具传递信息、交流思想,以达到某种目的而展开的社会活动。中立性是交际的一种原则和行为方式。"不参与交际就可以保持中立"这样的说法在逻辑上是有漏洞的。交际与中立并不呈因果关系,"交际与否"不会产生"中立与否"的结果。

很多研究者指出,译员并不是中立无偏倚的,而是积极地参与建构交际的过程(Wadensjö,2002,2004; Roy,2002; Linell et al, 1992)。Young(1967:81)曾对中立和无偏倚作出了定义:中立性是第三方对交际主要参与方不持任何忠诚度(loyalty),因此对于情况的结果完全保持中立。无偏倚性是指第三方对其他两方保持一致的忠诚度,努力达到自认为公平的结果,让双方都达到目标或者至少能从交际中受益。根据 Young 的说法,保持中立的译员应该将交际介入(intervention)降至最低,以字面翻译的方式进行口译,而无偏倚性却希望译员能够更加积极地参与交际过程,原因是译员对交际的结果负有自己的责任,这样看来,两者存在着明显的冲突,似乎无法同时存在。

Anderson 把中立性和无偏倚性整合成"无党派性"(non-partisan),指出对于口译场合交际结果的个人抽离(personal detachment)、漠不关心(indifference)与译员同时向两方靠近而导致的无党派性(the interpreter

---

① aiic.net/page/1665/lunch-with-a-legend/lang/1

being pulled in both directions）是不一样的。中立译员的无党派性令其在交际中扮演非常被动的角色（a very passive role），而无偏倚的译员会扮演表面上看上去公平但是暗中具有操控性（manipulative）的角色（Anderson，2002：213）。

在谈到口译场合交际问题的时候，管道隐喻（conduit metahor）常为人所引用。从空间位置上来说，同传译员与同传间里工作，与沟通双方（讲者和听众）造成了一种空间上的距离，因此减少了三方直接发生关联的可能性。在同传场合中，沟通往往是单方向的，比如，译员知道谁在发言，但听众并不知道谁在做翻译。讲者也许知道自己不应该讲得太快，但通常都不理会这一要求，因为他们不清楚自己的讲话速度会对同传译员工作产生怎样的影响。此外，讲者一般看不到译员的反应，也不会听译员的译语，因此译员成为了一个匿名的存在（anonymous presence），他们的声音是其存在唯一的表现（manifestation）（Gurianova，2010：43～46）。

把意思从一种语言传递到另一种语言，或者将一种信息从一方传递给另外一方，出现交际信息的传递错误，这些都反应了人们对于交际的看法（Mason，1999：150）。但是，口译从来不可能在社会场景真空的环境下发生，而是在特定的社会文化语境中进行。在口译场合中，译员是切实参与其中的一方，没有译员的参与，口译活动就无法展开。Watzlauickean认为，我们是不能不交际的（We cannot not communicate），而这是德国学者Göhring（1998）研究"翻译是文化中介者"（a translator as intercultural mediator）的理论基础。Bahadir指出，口译正好开始于交际开始的时候，而Bhabha（1996）的"中间文化"（culture's in-between）概念则可以用来描述译员工作时所占据的社会文化空间。另外，Bauman（1991，1997）的"陌生人"（stragner）理论源引自Simmel的Fremder[①]概念，认为"此人同时保持或远或近的距离"（who occupies a position distant and near at the same time）（Bauman，1997：764-768）。Simmel给"陌生人"赋予了一种特殊的"客观性"（objectivity），但这并不是不参与交际（not-participation），而是一种特定而明确的参与，可以追溯到该陌生人的归属（belonging）：他并不属于任何一方。

Bahadir认为，社区译员以陌生人的身份侵入交际场景，并留在该场景里。但是，许多受访译员说他们非常注意尽量照字面翻译，不会介入（interfere）交际，因为自己只是在做口译而已。译员执行着一种不真实的期望（illusory expectation）：想保持做一名"局外人"（outsider），但却

---

① 德语：陌生人。

努力表现得如“局内人”一样胜任工作(as competent as an insider)。然而,译员们已经意识到,他们在交际中扮演着“第三方”(the third party)的角色,代表着第三种中间文化“a third culture in-between”(Bahadir, 2001: 2 ~ 6)。

Alexieva (2002)认为,口译场合的文化特性越显著,译员的文化中介人的角色就越重要,译员此时要积极地介入交际之中,更加显身。从话语的层面,译员是可以有某种程度上的介入(intervention)的,比如译员可以不翻译话语中的冗余部分,改变甚至省略信息的某些部分;可以改变源语的句子结构并对其进行重组;可以缓和一些有损面子的行为,让有攻击性的语言(offensive language)听上去更加中性;可以选择不译一些概括问题的列举总数,以免以后犯错;还可以在某些情况下主动更正讲者的错误……这一切都显示,译员并不是对交际结果漠不关心的(Gurianova, 2010: 43 ~ 46)。

笔者认为,角色立场是指同传译员在工作时所处的地位和所持态度,同传译员的思想行为既有自觉的立场,也有不自觉的自发立场,而这些都源于同传译员认识事物时的价值评断。特定的立场会产生特定的利益目标人群,在同传活动关系中,讲者、听众以及译员都是这个利益目标人群的组成部分。角色交际是指同传译员通过语言、行为等方式与讲者和听众进行意见、信息交流,传递情感的过程,是译员通过信息传递交流思想以达到某种目的的活动。

3.2　研究方法

3.2.1 总体研究方法介绍

本研究将实证主义研究法和人文主义研究法相结合(仲伟合,王斌华,2010),关注科学结论的客观性和普遍性;将研究结论建立在观察到的经验事实之上,通过观察数据的手段揭示一般性结论,并要求这种结论在同一条件下具有可证性;同时也充分发挥研究者在研究过程中的主观能动性来进行定性研究。

笔者先提出一个研究假设:同传译员具有显身性。再以研究假设为着眼点定出研究框架。本书的研究目的落在描述性研究的范畴,通过对现象多方面的描述总结出总体特征及分布,回答“是什么”的问题。从研究用途来说,本研究侧重于对现实问题的讨论,旨在了解现实状况、分析现象,因此属于应用型研究范畴。从研究性质上来看,本研究侧重于对事物构成和性质的定性研究(见图 3-3)。

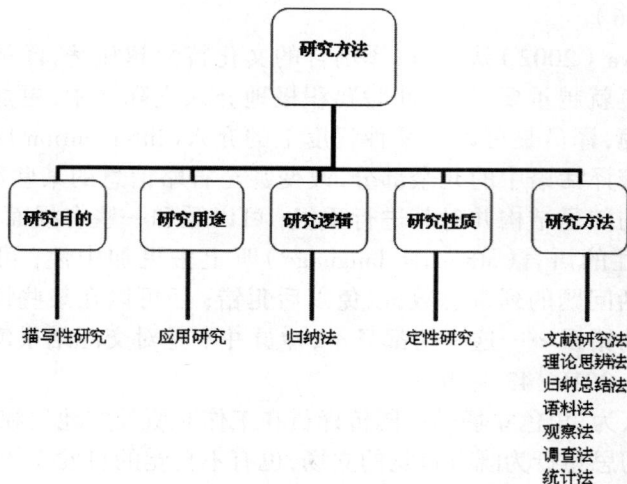

图 3-3　研究方法图

　　在回答第一个研究问题时,笔者主要利用文献研究法,对大量关于"译员角色研究"的文献资料进行总结分析,厘清前人研究的总体特点,发现研究问题,定义基础研究框架。本研究对现场会议录音进行转写,建设了语料数据库,以此回答第二个研究问题。此外,笔者还采用问卷调查和访谈的方式考察事实现状,在收集相关材料和数据的基础上讨论研究问题。这个过程包含两个层面,先运用观察、询问等方式收集事实和数据,然后对数据资料进行思维加工,由感性认识上升到理性认识,利用调查法对第二个研究问题进行再次论证。第三个研究问题则采取理论思辨和归纳总结的研究方法,分析统筹前两个研究问题的结果(见图 3-4)。

　　值得一提的是,正如学者仲伟合、王斌华所提出的那样,"实证主义方法论单独使用时都不可避免存在一定的局限性,如:客观数据收集的局限性、主观判断的准确性等因素都会影响研究的效度和信度。为了避免研究的缺陷,研究者可以注意采用'三角测量'(triangulation)的研究策略"(仲伟合,王斌华,2010:21)。"三角测量"这种起源于几何学的自然科学研究方法是指从不同角度对同一对象进行测量以期得出更准确数据的操作。本研究采用了"三角测量",从不同角度考察数据,进行交叉比较,以期借此提高研究结果的可信度。综上所述,笔者不仅在同传现场观察同传活动的细节,对语料进行分析总结,还对译员做问卷调查和访谈,用多种方式收集数据,交叉比对各类数据的分析结果。

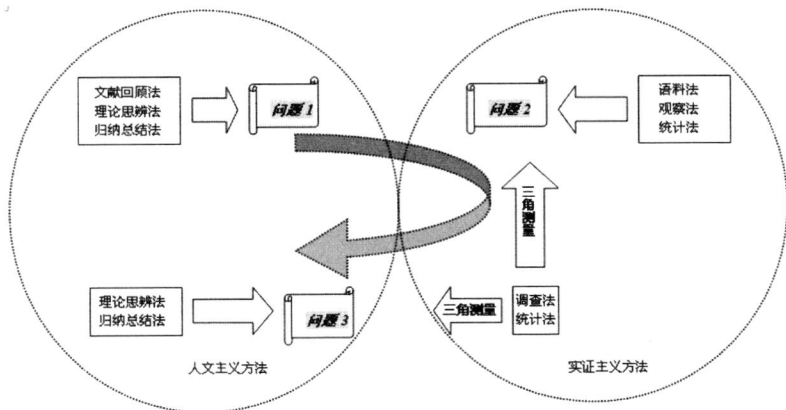

图 3-4　研究问题及研究方法图

3.2.2 语料研究法介绍

3.2.2.1 会议选择

1. 会议背景

本研究建设语料库时选择的会议是某知名五百强跨国集团的内部培训[①],培训地点于中国南方城市的某一度假酒店,时间是 2009 年仲夏。参与培训的是该集团中国分公司的中高层管理经理(共计 24 人,6 名女性,18 名男性)、中国区培训经理及助理。培训导师是国际知名咨询机构派出的一名美国讲师(女性)与该集团内部的一名高级培训总监(男性)。该公司从若干国际知名咨询机构的十几个类似培训项目中选中培训导师所在机构的这一项目,因此培训导师与该公司是雇佣关系。培训机构的这一培训项目已经做了超过十年时间,对世界各地多家国际知名公司实施过该项目。培训导师做了非常充分的准备,提供了配有中英文对照的讲义。整个会议采用圆桌讨论的方式进行,主要由老师做讲解,穿插许多互动讨论和角色扮演,互动性较强。

会议组织得相当专业、完善。该公司和培训机构通力合作,在人员沟通上比较到位,公司内部的中国区培训经理与培训老师进行过多次交流,讨论培训课程内容的细节问题。培训经理助理负责组织会议,租赁同传

① 出于隐私保护的原因,全文隐去公司名称和全部参与人的名称。

设备,选择并聘用公司外部同传译员。公司提前一个星期将电子版讲义材料通过电子邮件的形式发给同传译员做准备,并与译员保持了良好的会前沟通。会议使用的是市场上最常见的同传发射设备——博世二代同传设备,采用无线发射和接收,红外发射机将语言信号传输到手持红外接收机,接收信号强,干扰小,音质清晰。会场没有配置固定同传间,因此同传设备商提供了木质隔音移动同传间,置于会议厅右后方,译员在同传间内可对会议厅一览无遗,对老师、PPT 投影屏幕、学员的互动情况,都能看得一清二楚。译员与设备商多次合作,对于设备商和设备本身都十分熟悉。

2. 会议特点

(1)真实性和可靠性

在征得会议方同意之后,笔者利用两支录音笔对会议做了全程记录。一支录音笔直接连入移动同传间内博世同传操作台的输出接口,对讲者原音进行内录,只要会场内发言的人使用麦克风讲话,就可以被录入。另一只录音笔放在同传间,通过外录的形式录下译员的译语。值得一提的是,因为是全程录音,所以译员的一些私下讨论也被录入,非常真实地反应了译员工作时的即刻反应和切身感受。

(2)代表性

上文提到,本次同传活动场景是培训,该跨国公司集团高度重视员工培训,参加培训的员工是具相当级别的管理层,被公司甄选来参加此次增值培训。因此,作为听众兼受训者的经理们对培训持非常认真严肃的态度。咨询公司派出的讲师具有十分丰富的个人从业和培训授课经验,在培训行业担任讲师超过二十年,在全世界各地为各类大型跨国公司做培训工作,能够游刃有余地应对不同语言文化背景的学员,也十分善于与口译员合作。同时,咨询公司希望该集团能持续购买其他相关的培训课程,对课程十分重视,培训讲师还要负责维持与这个集团客户的客户关系。

从笔者的同传从业经验上来看,很多所谓的国际高峰论坛或者产业论坛,会议参与方不见得都十分看重会议内容。听众只抱着"随便看看"的心态参加会议,对于讲者到底讲了些什么并不在意,至于是否听得懂同传译语,是否理解讲者到底是什么意思,想表达什么,都无所谓,往往被动地接受同传译语信息。但是,本研究语料库选择的这次活动的参与方对会议都持严肃认真的态度,双方都希望能从本次培训中受益,讲者认真讲,听众专心听,沟通交际的场景真正体现了会议的互动性。

从发言模式上来说,本研究语料既有演讲式发言,也有互动问答,除了照稿宣读的发言以外,基本上涵盖了同传会议场合所有的发言模式。

此外,会议听众是该公司的中层经理,约三分之一学员英语听说能力尚可,基本可以用英语沟通,另外三分之一可以听个大概,但是说得不流畅,剩下三分之一英语听说较弱,需完全依靠译员的翻译。听众群有一个很明显的特点:固执己见,总会对讲者讲话的内容进行批判性分析,挑战培训讲师的授课内容,不会轻易接受一个全新的理念或说法。有的听众是英语专业本科毕业的,对自己的英语水平自视较高,认为自己理解英语完全不是问题(其实并非如此)。听众除了个别完全不使用同传服务以外,大部分都一直佩戴同传耳机收听译语。从语言材料数据库中发现,很多听众自己理解的英文意思并不准确,造成了沟通的障碍,但往往会在第一时间质疑译员翻译的准确性。笔者认为,这次会议的听众是很有代表性的,在一定程度上能代表中英同传会议的现状。不少听众,特别是受过高等教育的年轻听众,对自己英语能力非常有信心,在很多会议场合中都能看到这样的听众:一个耳朵听耳机,一个耳朵听讲者,然后拿自己的理解与译员的译语做对比,发现不一致之处时,便倾向于提出译语准确性质疑。可以说,这一类听众是同传场合的另外一种可单独区分的用户群,具有很强的主观性,当这样的听众带着强烈主观性与讲者进行沟通的时候,会不自觉地流露出对译员译语的批判。

3. 同传译员简介

此次会议的同传译员专业水平较高,会议经验丰富。译员一,男性,自由译员,(到 2009 年为止)拥有十年同传会议经验。译员二,女性,高校教师,(到 2009 年为止)拥有十年同传会议经验。两位译员的母语均为中文,工作外语为英文,经常搭档一起做同传会议,合作默契。

笔者选择专业译员为研究对象是出于以下原因:其一,专业译员临场经验丰富,同传会议工作时间长,应付各类突发情况比较得心应手,不会像学生译员或者刚入行的译员那样手忙脚乱。笔者认为,可以做这样的假设,如果某种情况是经验丰富的专业译员会以某种方式处理或者无法处理的,这种情况就比较具有代表性。其二,专业译员对于源语的理解、把握更加准确,保障了信息传递的准确度。其三,专业译员对于沟通效果的敏感度更高,在做译语策略选择时也更加成熟老练。因此,对本研究而言,这两位专业译员是非常恰当的研究对象。

4. 现场听众接收译语的情况

现场听众使用同传服务的方式会在很大程度上影响同传译员的角色行为,因此有必要对现场听众接收译语的情况作出简单解释。笔者全程在会议现场仔细观察,并和与会者进行交谈,了解到以下基本信息。此次会议所用同传耳机接收器有两个频道,频道一是中文,频道二是英文。母语为中文的听众会收听频道一;由始至终只听英文频道的只有一人,即以英文为母语完全不会中文的培训讲师;此外还有三位负责本项目的培训经理及培训助理会时不时在两个频道之间做转换,对译员的译语产出做监听。有的与会者因为对同传这种口译方式感到好奇,在会议刚开始的时候也会做一下频道转换,但是时间非常短。据笔者观察,有的听众会只听一个耳机,另一个耳朵听讲者发言,想以此尝试对照中英文。但是与他们交谈时,他们告知笔者,承认自己没办法做到分神,同时一边听中文一边听英文,基本上听不出所以然来,所以很快放弃了这种做法。笔者也全程使用同传耳机,发现耳机的隔音功能非常好,戴上耳机接收同传译语的时候,基本上无法听到现场讲者的源语声音。所以,在对语料进行分析的时候,可以排除双语听众戴上耳机后,既能收听译员译语又能清晰辨认讲者源语的情况。此外,听众在听同事们的中文发言时会将耳机摘掉;同时还会主动判断,在讲者用英文发言的时候,自己需要戴上耳机收听同传译语。

3.2.2.2 语料库建设情况

1. 基本建设情况

笔者转写了会议录音,转写语料总库英文约 6.5 万字,中文共计约 11 万字;建设了两个子库,分别纳入讲者独白发言部分(M)和讲者互动部分(Q),旨在从独白和互动两个部分来考察同传译员的角色行为。独白语料子库英文 4 万余字,中文 6.1 万余字,共计 110 个对齐分段;互动语料子库英文 3.1 万余字,中文 4.7 万余字,共计 120 个互动回合。语料库中讲者独白式发言内容和讲者听众互动部分的内容分别约占总内容的一半,比重平均,充分体现了一个典型的沟通交际场合所具备的情形,具有较好的代表性。独白语料库的讲者基本上是英文讲者的发言,从中可以分析译员在英译中时的角色行为。互动部分是讲者与听众的沟通交流,听众多用中文发言,偶有英文发言的情况,从互动中可以从两个角度(同时使用英文发言的互动方,使用两种语言的互动方)看待讲者与听众的沟通。

语料库中的源语和译语以语段为单位进行对齐,这种方式对研究本同传语料是比较合适的。在同传行进的过程中,译员并不总是以句子为单位产出译语的。在有的情况下,译语信息的产出会出现"多退少补"的情形,也就是说,译员会对自己的译语进行动态调整,如自动进行纠错更正,将前一句话没有来的及说的信息补充在后一句话,等等。利用语段为单位进行对齐,更加符合同传活动的实际,更能看出译员角色行为的变化。

2. 研究目标语料筛选

笔者还对语料库内容进行了研究目标语料筛选。研究目标语料是指在本书讨论中被引用做讨论论据的语料和被用作各个角色显身行为的统计语料。研究语料例子均出自研究目标语料,笔者在对语料库进行梳理的过程中进行了质量把控,并以准确度作为选择标准。以信息全面性、表达准确性(语法和句法)和语用效果作为准确度的评判标准。译语准确度在85%以下的语料内容即被认为在准确度上有偏差而不被选入研究目标语料。也就是说,研究目标语料是被默认了准确度在85%以上的译语内容,因此,基本上不会出现因译员翻译错误而影响译员角色行为的问题。

3. 语料库的局限性

本语料库具有一定局限性。

首先,本语料库是两天的完整会议,以英语为母语的发言者只有一位,因此讲者个人语言习惯等主观因素会在一定程度上影响讲者的话语内容,发言方式和风格呈现单一性。研究关注的是两位译员,译员的个人风格和语言偏好也会对研究造成一定影响(但是本研究有后续的交叉比照,所以译员人数不多造成的局限对本研究造成的影响不大)。

其次,本研究语料库是一个研讨会式的场景,虽然有大量的讲者独白式发言,但是必须承认,这种发言形式与一般高峰论坛或者大会发言,特别是照稿念读的发言,还是存在相当的差异。

再次,本研究的关注点在于译员的角色行为,所以在转写过程当中并未标注详细的副语言信息,如语速、停顿时间、重音等。

3.3 本章小结

研究者认为译员隐身性是指译员做口译的时候忠实、完整地传达讲者的话语,不带丝毫个人的观点、情绪、意愿。"管道理论"倡导的就是译员的隐身性,其根本意涵是将译员"机械化",成为隐形人。显身性是指译员经过策略的运用、权责的彰显、立场中立性的偏移、交际的参与而烙上了译员身份的印记。

本研究认为,同传译员的角色显隐都是译员主动选择的结果,如果译员没有发挥主观能动性,就不存在真正意义上的角色显隐。此外,同传译员不存在绝对意义上的显身或隐身,显身是绝对的、必然的,隐身是相对的、偶然的。

本研究指出,同传译员的显隐性就是同传译员在同传工作过程中,有无彰显其自身角色身份(包括角色权利和角色责任)与角色关系(包括交际参与和角色立场),有即为显身,无则为隐身。在这个概念中,同传译员的责任和权利是一组互相依存的关系概念,体现了译员与其他活动相关方的价值关系,译员的角色权利是指译员在同传活动关系中所应得的价值主张,包括译员正当的利益、主张、资格和自由;角色责任是同传译员应有的价值付出,包括译员接受同传工作任务所必需履行的可具体描述的职责。角色立场是同传译员在工作时的地位和所持态度;角色交际是同传译员通过语言、行为等方式与讲者和听众进行意见、信息交流,传递情感的过程,是译员通过信息传递交流思想,以达到某种目的的活动。

第 4 章　同传译员角色显身性

4.1　同传译员角色显身性

4.1.1 角色显身的两个层面

第 3 章提到,同传译员角色的隐身性是相对的,显身性是绝对的。译员译语声音的存在彰显了最大的显身性,让人无法忽略。在同传行进的过程中,某些时刻确实会体现"管道论"所描述的翻译情形,这个时候可以认为译员在最大限度上做到了隐形、隐身。但是,这种隐身仍然建立在显身的基础之上,也就是说,没有显身就不存在隐身,显身是隐身的基础和前提。因此同传译员的显身是译员主动选择译语策略,使得译语产出内容体现出译员的角色行为,彰显译员的角色身份(包括角色权利和角色责任)与角色关系(包括交际参与和角色立场);隐身是指译员的译语产出呈现常规化(routinized)状态,没有体现角色行为,没有彰显角色身份和角色关系。

本章将集中讨论同传译员角色的显身性,拟利用显身性来研究同传译员角色行为,说明角色身份和角色关系。

笔者认为,译员显身性具有一个接收方和两个层面。

同传译员在工作过程中存在某些没有彰显角色行为的时段,在这些时段里,对于听众来说,译员完全译出讲者的话语内容,传达了讲者的意思,相对完整地展现出讲者的形象。但是,这样的时段并不是持续始终的。具体说来,译员通过同传策略选择和译语产出内容,呈现出不同程度、不同类型的显身。译员话语和译语产出导致的译员显身必须有一个接收方,即听众。译语的接收方是唯一的,所以显身性接收方具有唯一性。本研究拟以听众作为译员显身性的发生对象。Robinson 曾经针对好的翻译参照物做过描述,认为好的翻译让目标语读者产生源语读者所获得的同样的效果，当然，这并不是说完全的对等，而是尽量接近这种效果。这种接近性是无限大的，要想让翻译看上去不像是翻译，从对目的接收者所产生的影响上来看，就是要制造一种邻近性（immediacy）的幻象，译者将自己注入到对作者有意识的服从之中，当然服从当中也存在着创新（Robinson，1991：61/111）。在同传口译场合，笔者试将 Robinson 的概念进行延伸，暂且将一切还原成单语交际，以源语听众作为参考坐标。译员隐身，能够让目标语听众接收到的译语信息与源语听众所获得的信息有近似的效果，对讲者的形象产生近似的感知，这种效果和感知的近似度是无限大的。也就是说，将源语听众所听到的讲者发言内容和源语听众眼中的讲者形象作为比较值，译员的显身就是指目标语听众接收的话语信息内容和对讲者形象的感知与源语听众存在不一致性。既然效果和感知的近似度是无限大的，不一致性就是必然存在的，因此需要对这种不一致性做一个假设性的规范，统筹本研究的参照坐标。这种关系可如图 4-1 所示。

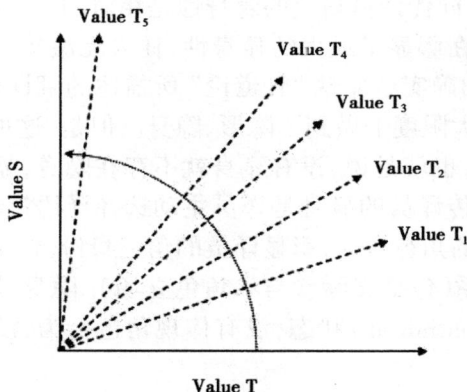

图 4-1　效果与感知近似图

　　图中，Value S 是源语听众获得的信息效果和对讲者的感知，Value T 是目标语听众获得的信息效果和对讲者的感知，Value T 一直处于动态变化中，向 Value S 无限靠近，有多种因素影响这种无限靠近的状态，可以从语用学和认知心理学上窥见几分。

　　语用学认为，对语言信息的理解可以从交际与认知的角度来审视。比如，关联理论提出了语言交际的"关联性""最佳关联性"以及"语境假设"等主要概念。关联理论认为交际的成功取决于两个重要条件：交际双方的"互明"（manifestness）和"关联性"（relevance）这一最佳认知模式。某种话语内容因为不同的语境而产生各种暗含，听话人也会根据不同的语境特点、从不同的角度对话语产生不同的理解,但是,听话人并不一定在所有的场合都能理解话语表达的真正含义。此时,听话人只能用一个单一的普通标准来理解话语内容,使其获得一个自身认定为可行的理解,而这个标准就是"关联性"(何自然,冉永平,1998)。要确定交际者的暗含意义(implicature),听话者就要寻找话语和语境之间的最佳关联,通过主动推理而导出话语的语境暗含,最终取得一定的语境效果,引导交际成功。在其他条件相同的情况下,关联性与推理时所付出的努力成反比,与语境认知效果成正比。听话者在说话人明说(explicature)的基础上对各种信息作出语境假设,凭借的就是认知语境中的三种信息:逻辑信息、百科信息和词汇信息。由于认知环境无法整齐划一,所以对同一个话语的推理,不同的人往往会得到不同的暗含效果(Sperber,Wilson,1986a,1995:109)。

无论是源语听众听讲者的源语,还是目标语听众听同传译员的译语,都需要对以下三种信息进行分析以实现对信息内容的理解:(1)旧信息,即听众对某个话题的已知信息、听众的百科知识、听众对会议主题内容的熟悉程度,等等;(2)新信息,即讲者的话语内容和听众对某个话题的未知信息;(3)关联信息,包括会场语境、代表交际目的信息,以及能够将新旧信息联系起来以启动听众理解译语的信息。其中,旧信息是听众理解译语的前提;新信息是在旧信息的基础上经过听众的逻辑推理而得到的对译语的解读;关联信息则起到加速听众理解译语、实现译语最佳语境效果的作用。但是,源语听众和目标语听众的信息掌握程度和推理能力是不一样的。对于明示的话语内容,两种听众必须拥有相同的逻辑信息、百科信息和词汇信息才能得到一致的理解。而对于话语的暗含意义,两种听众则必须具备同样的新旧信息和关联信息,并且在认知环境中主动使用关联信息将新旧信息串联起来,才能推导出话语/译语的真正内涵。

从认知心理学上来说,统觉背景是人们认识一样事物的关键要素。德国哲学家 Leibniz 于 17 世纪首先提出了"统觉"(apperception)的概念——"统觉"是指人的知觉内容和倾向,蕴含着既有经验、知识、兴趣和态度。人们利用统觉来理解、记忆和思考相互联合的概念,完成高级思维活动(车文博,1999:147)。翻译场景中,两种听众统觉背景的不一致性,也会对同样的话语信息产生不同的理解。

有很多因素影响 Value T 向 Value S 靠近,语用和认知心理因素则是最关键的因素。Leibniz 不但提出了统觉背景,还说过"世界上没有两片完全相同的树叶",将此延伸到话语理解领域,说明不同的人对同一话语内容的理解不存在绝对一致性。因此,本研究排除绝对一致性,讨论相对一致性，也就是 Value T 向 Value S 的无限靠近。笔者认为，影响这种相对一致性和无限靠近的重要因素之一就是同传译员在某个层面上的显身。

译员的显身包括两个层面，在不同等程度上影响 Value T 向 Value S 无限靠近。具体说来，在第一个层面上，目标语听众可以通过译员的声音或者具体的话语内容识别译员的同传身份，明白译员当下跳脱了讲者的发言内容，展现了译员自身的形象，目标语听众可以对此作出自行判断；在第二个层面上，目标语听众所接收到的译语内容以及由此对讲者形象的判断与源语听众存在不一致性，但目标语听众却难以获知这一点。在第一个层面上，译员展现出了自身形象，并可以被目标语听众识别，没有直接影响 Value T 向 Value S 的无限靠近；在第二个层面上，译员修饰了讲者形象，暗含了自身形象，展示了主观能动性，虽然无法为目标语听众识别，但却在实际上影响了 Value T 向 Value S 的无限靠近。这两个层面的显身可如图 4-2 所示。

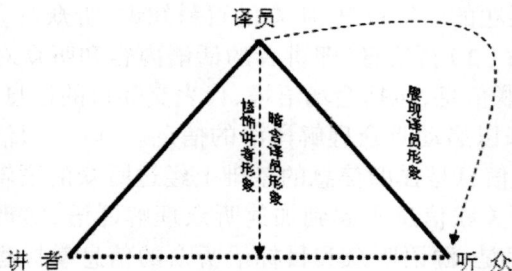

图 4-2　同传译员显身图一

从图中可见，当译员通过译语展示自身形象的时候，只关系到译员和目标语听众两方，听众知道译员做出这种显身，因此是由译员和听众构成的切实关联，其效果产生于"讲者－译员－听众"三角关系之外。从修饰讲者形象这个层面的译员显身来说，同传三角关系的三方都涉及在内，但是目标语听众和讲者都不知道译员做出了这样的显身。笔者将前者称作"明示性显身"，后者称为"隐含性显身"。

对于本研究来说，直接影响 Value T（目标语听众接收到的话语信息效果和对讲者的感知）的因素是译员的译语（I）。译员译语（I）的根本来源是源语（O），目标语听众从译语所获得的话语信息效果和对讲者的感知可被视作 I_E，此处 I_E 约等于 Value T。而影响 I_E 的两大因素则是源语（O）和译员修饰讲者形象的显身性（V）。讲者话语（即源语）是不变的，因此可以将源语（O）视作常数，将 V 视作变量，而影响 I_E 的恰恰是自变量 V。也就是说,影响 Value T 的最大因素就是译员修饰讲者形象的显身性。可将 I_E 表达为源语和修饰讲者形象显身性的一元函数关系。上几种因素之间的关系用一元函数关系数学公式表达如下:

式(4-1)Value T 的函数关系式

$\because I_E = O(V_1, \cdots V_n)$

$I_E \approx \text{Value T}$

$\therefore \text{Value T} \approx O(V_1, \cdots V_n)$

4.1.2 角色显身类别

4.1.2.1 明示性显身

明示性显身是指同传译员通过目标语话语产出,明确展现自身第三方形象并且能为单语目标语听众所识别的显身。此种显身与译员译语产出策略没有直接相关性,是译员为保障同传工作正常、顺畅进行所作出的显身。明示性显身跳脱了于"讲者 – 译员 – 听众"同传三角关系,是译员直接与目标语听众发生联系的显身。对译员的这种显身,讲者可能会因为听众的某些行为反应而间接知情,但从根本上来说,明示性显身表现与讲者没有直接关系,是同传译员对于目标语听众呈现出的角色显身。

4.1.2.2 隐含性显身

隐含性显身是指同传译员通过产出目标语译语,修饰讲者角色形象、暗含译员形象并且无法为单语目标语听众所识别的显身。译员通过修饰讲者角色形象而暗含性地展示了自身形象,此显身发生于同传三角关系当中,介乎于讲者和听众之间,以修饰讲者角色形象为主,展现译员角色形象为辅,常常与译员译语产出策略直接相关,体现了译员的主观能动性。

如果存在一个双语听众,有能力分辨源语和译语,则可以识别译员的隐含性显身。正如 Bertone(2006：94)所提到的,如果存在一个双语者(Mr. Bilingual)或者多语字典(multilingual dictionary)能判断译员的准确性与否,新手译员往往会脱离讲者而在一个密闭的空间(in a vacuum)翻译。如果让这个假想的听众接收译语,这个听众就可以辨别出译员的隐含性显身。笔者认为,在真正的会议场合,这个假想的听众要么是同传译员的搭档,要么是在现场具有高级双语能力(或同传能力)的监听者,只有这两种人能够全程分辨出译员的隐含性显身。

4.1.2.3 两种显身的异同

译员角色的两种显身性如图 4-3 所示,当中显示了明示性显身和暗含性发生的区域。

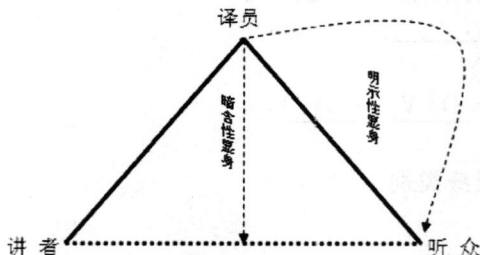

图 4-3　同传译员显身图二

明示性显身和隐含性显身有两点相同之处。第一,两种显身的最终接收方都是目标语听众,再次验证译员角色的显身性是基于单语听众而言的;第二,译员在两种显身中都发挥了主观能动性,译员作为同传活动的主体在不同层面上展现了自身角色。许多研究者对译者主体性做出了讨论,分析译者角色的变化和译者的多重角色,证明译者主体性主要体现在译者与原文、原文作者、译文、译文读者及其他一些相关因素的动态关系(侯林平、姜泗平,2006)。虽然这些讨论主要是从笔译的角度出发,但口译场合中译员的主体性也同样存在。

两种显身的不同点在于,隐含性显身的范围是一个三角形,联系着讲者－译员－听众三方,译员与讲者之间的关系是一条实线,因为在隐含性显身当中,译员切实修饰了讲者的形象,并通过修饰讲者形象来展现了自身形象;明示性显身只关系到译员和听众两方,没有与讲者发生直接关联,是一种与讲者无关的显身,因此只能呈现于联系译员和听众两方的圆弧区域。

4.2　基于语料的同传译员显身性分析

4.2.1 明示性显身

4.2.1.1 译员交替

同传工作一般由两到三名译员为一组,以相对固定的时间间隔轮换工作。译员因为声音、语音语调、说话习惯方式等因素的差异而存在个体性，能让听众相对容易地辨别出译员的工作轮换。也就是说，在工作轮换的时候，译员的显身以声音为载体表明译员出场，就像在舞台上不同的角色轮换出场一样，所不同的是，舞台上的角色是观众能看得见的，而在同传会议场合，译员出场只能为听众所听见。声音具有独特性，声音的传播稍纵即逝，接收者的听觉器官通过声音而作用于大脑。语言的物质外壳被称作语音，是语言符号系统的载体，也是最直接地记录思维活动的符号体系，是语言交际的声音形式。语音由人的发音器官发出，负载着一定的语言意义。语言依靠语音实现社会功能，是音义结合的符号系统，语言的声音和语言的意义是紧密联系的。在语言的形、音、义三个基本属性当中，语音是第一属性，人类的语言首先是以语音的形式展现出来的。语音的物理基础主要有音高、音强、音长、音色，构成了语音的四要素。音高指声波频率，即每秒钟振动次数的多少；音强指声波振幅的大小；音长指声波振动持续时间的长短，也称为"时长"；音色指声音的特色和本质，也称作"音质"（林之达，1994：56）。译员的声音性显身是由语音表现出来的，在音高、音强、音长和音色上均呈现不同特质。在会议现场，同传译员在工作轮换的时候，常会有个别听众转过头来望向同传间，这表示他们意识到同传口译员发生了变化，想要看看这一轮是哪个译员在做同传口译。性别相同的一组同传译员也具有不同的语音特点，性别不同的一组同传译员就更容易让听众分清他们之间的工作轮换。

本研究语料中展现了两名同传译员（一男一女）的同传译语，两位译员的工作轮换时间平均为 15 分钟，共计约 36 次工作轮换。

译员交替是同传工作所必须呈现的工作形态，高强度的脑力劳动需要译员在工作 15 到 20 分钟后即做休息，以同样长的时间间隔段缓和体力、脑力上的疲倦和压力，保证能以良好的体力和精神状态来进行下一轮的同传工作。

深究起来，这个简单的行为操作既展现了译员权利，也包含了译员责任。译员交替工作是同传译员的应然权利，是译员为了保证同传工作顺利进行的权能，同时也是译员应该进行的价值付出，是译员的工作职责。如果没有工作轮换，只有一个译员"唱独角戏"，对译员的身体和精神而言是一种伤害，译员的体力和脑力无法胜任同传工作。因此，同传工作轮替既是价值主张，也是价值付出，译员与搭档都应该享有这种权利，同时也履行这一职责。

4.2.1.2 麦克风提醒

在同传活动行进的过程中,常常会出现发言人没有使用麦克风的情形,有的时候是因为麦克风开关没有打开,有的时候是因为讲者出于某种原因离开了安置固定麦克风的讲坛,还有的时候是因为讲者在问答场合直接与听众互动而忘记使用麦克风。有的时候,如果没有使用麦克风,或者麦克风失灵,讲者会主动停下来,调整好麦克风后再重新开始,这说明讲者意识到会议场合使用麦克风的重要性。当然,这不一定是为了同传译员的工作着想,多半是因为讲者考虑到如果自己没有用麦克风,台下的听众(至少源语听众)就无法听到自己的发言内容。

假如讲者没有使用麦克风却仍然继续讲话,没有要停下来的意思,虽然有时可能是因为讲得太过投入而"忘乎所以",但这种行为至少暗示了一点:讲者对麦克风的使用之于同传译员工作的重要性并不敏感。如果讲者不使用麦克风,在大多数情况下,同传译员无法透过移动同传间清晰地听到讲者的声音,而在使用固定同传间的场合,译员更太不可能听到讲者的声音。同传译员是依赖耳机中听到的讲者声音来产出译语的,有时因为设备线路或者会场环境的影响,耳机的声音接收不清晰,译员会马上提出问题并让工作人员予以解决。讲者发言的声音是译员工作的语言来源,如果这个来源不存在,译员就无法工作,正如"巧妇难为无米之炊"。因此,译员常常会在讲者不使用麦克风的情况下发出"请讲者使用麦克风"的提醒。从研究语料中可以看到以下例子。

例 1:

源语(编号:D1M. T. M58)

…But you just want to know, when I enter into this conversation, what have we discussed recently, and what do I keep in mind ? It's a fairly simple piece, um, of preparation.

译语(编号:D1M. T. M58. I2①)

……但是你要知道的一点,那就是,我们在进行这样的对话的时候,我们最近对他讲了一些什么,这是很简单的一种准备。**请发言者使用麦克风,译员没办法听到发言者的声音。**

此例中,发言者没有使用麦克风,笔者在现场观察到,译员推开移动同传间的门以便能听到发言者的部分话语,勉强译出语句,但译员意识到这样无法保障自己接下来的同传工作,所以在讲者停顿的空档提醒发言

---

① I2 指同传译员 2,下同。

者使用麦克风。在做提醒的时候,译员刻意使用了"译员"两个字,做了明示性的显身,让接收同传译语的听众很清晰地明白,这一句提醒讲者使用麦克风的话,是译员主动发出的,并不是发言者的原话。在一般情况下,接收目的语的听众(有的时候是工作人员)听到这句话就会提醒讲话人使用麦克风。

例 2：

源语(编号：D1M.T.M69)

…Is there a question？（有人用英文提问,没有用麦克风）No, because of this. Because you don't understand what they prefer, you will not change. You will assume that they like what you like. So unless you can make…（有人用英文提问,没有用麦克风）Ok, yeap, no. The very first thing I said, the very first thing I said, is that every person has every one of these attributes, ok ？

译语(编号：D1M.T.M69.I1[①])

这里有问题吗后面？我们想说,为什么要这么简化地把人进行分类,为什么要这么简化地分类？就是因为这个原因。如果你不知道他们想要什么,你就没有办法进行这一个改变。对不起,讲者没有用麦克风。其实我讲的第一件事情,我讲的第一句话,就是说,每一个人,他其实都同时拥有四种不同的风格……

　　这是一个非正式的互动环节,听众在讲者讲话的过程当中,直接用英文与讲者互动,对讲者的话语内容进行回应或提出简短的问题,讲者也即刻对此作出回应和解答。提问的听众佩戴了同传耳机,但是却直接用英文互动。且没有使用麦克风。讲者使用了麦克风,但双方互动发言的速度太快,译员只能译出讲者的话语内容,没有(也无法)翻译没有使用麦克风的听众的发言内容,并发出了使用麦克风的提醒。

　　虽然译员在例 2 和例 1 中都发出了请说话人使用麦克风的提醒,但这两个例子却不尽相同。第一,提醒的对象发生了变化。例 2 不是提醒正在发言的讲者使用麦克风,而是提醒在下面与讲者互动却没有使用麦克风的听众。此时译员已经看到同传间外有人用英文与讲者进行互动,但显然忘记了使用麦克风,因此译员提醒正在使用耳机的听众,让听众发言者使用麦克风。第二,提醒的后果不一样。在例 1 当中,没有使用麦克风的讲者正在使用源语做独白式发言,没有佩戴同传接收耳机,因此译员作出的麦克风使用提醒,只能是由使用同传接收耳机的听众(或工作人

---

① I1 指同传译员 1,下同。

员）主动上前提醒讲者使用麦克风。在例 2 中，没有使用麦克风与讲者互动的听众（因为佩戴了耳机）则可以通过耳机接收到译员的提醒，进而主动使用麦克风。第三，译员发出麦克风提醒的信息只能通过目标语言来传递，因为在当下只有收听目标语的听众听到这一信息。例 1 当中涉及到讲者 – 译员 – 听众三方的关系，由译员发出提醒，听众接收到信息之后，将麦克风提醒转达给讲者，于是形成了三方互动。值得一提的是，这种信息的传达不一定要通过语言的方式，听众往往只需要单纯做一个动作——将麦克风递给讲者，讲者就会马上意识到自己忘了使用麦克风，还可能会联想到同传译员因为无法接受到信息而无法翻译的后果，所以通常会即刻使用麦克风，有时还会报以歉意的一笑。例 2 只涉及到译员与目标语听众两方，虽然该目标语听众既是译语的接收者，也是与讲者互动的交际方，严格说来其身份存在一定程度上的模糊性，但仍可以从交际的前后顺序作出区分。在译员发出麦克风提醒的时候，他仍然保留着听众的身份，因此，可以将例 2 的关系归结为译员 – 听众的关系。该名听众接收到译员的麦克风提醒之后，如果还需要与讲者进一步沟通互动，便会主动要求使用麦克风。

笔者认为，译员提醒讲者使用麦克风是译员的权利，也是译员的责任。讲者的话语是同传译员工作的最基本要素，讲者没有使用麦克风，译员听不到讲者的声音，就丧失了工作的最基本条件，译员的语言能力和同传技巧再好，没有源语，一切都是空谈。因此，听到讲者的声音是译员为了保证履行工作责任而享有的权利。此外，麦克风使用提醒也暗含了译员的免责操作。麦克风提醒基本上有两种形式，第一种是译员直接说明"请讲者使用麦克风"，提醒接收译语的听众让讲者使用麦克风；第二种是译员作"讲者没有使用麦克风"的澄清，以此来暗示听众，提醒讲者使用麦克风。通过这样的方式，译员告诉接收译语的听众，讲者没有使用麦克风，所以译员没有办法翻译这一段话语，出现了译语空白，但这个责任并不在译员，译员特此做出免责说明。

发出麦克风使用提醒也是译员的责任，译员有责任告诉现场接收译语的人（往往是会议组织工作人员），提醒讲者使用麦克风，否则译员无法进行译语产出，无法实现讲者和听众之间的双语交际。

值得一提的是，工作声音的保障除了麦克风提醒以外，还有其他的情况。比如音响效果不好、线路质量不佳会造成译员耳机接收到的讲者声音模糊、有杂音或回音大等问题，但这个时候译员通常不会在译语中做出明示性提醒，而是会告知同传搭档，让同传搭档提醒相关工作人员予以解决。

4.2.1.3 译员更正

同传工作有很多特点,其中对译员译语产出效果影响最大的因素之一就是速度。这里所说的速度既包括讲者的速度(S1),也包括译员的听辨、译语产出速度(S2),当 S1 与 S2 的速度基本匹配,即译员的译语产出速度能跟得上讲者发言的速度时,译员的译语产出就会比较从容自如。两种速度不匹配往往会导致译员的译语产出落后于讲者发言。导致这种现象的原因,除了语速过快以外,还可能因为讲者发言的信息量过大、照稿宣读信息密集的讲稿等。在其他条件都相同的情况下(如译员的双语程度、同传技巧纯熟程度、对会议主题的准备和熟悉程度),速度是影响译语质量最关键的因素。当译员遇上时间紧、信息量大、语速快的情况时,就难免出现译语错误或缺漏。

从宏观上说来,译员的译语错误原因可分为两种:理解错误和表达错误。同传工作过程复杂,从源语听辨、思考翻译到译语产出,每一个步骤都很精密,在译语产出的时候,同传译员还需要"清清楚楚地听到自己的声音,以检查自己说的话对不对,并根据原讲话调整自己的讲话,必要时纠正自己的话,只有这样,才能做好同传"(Seleskovitch & Lederer, 2007: 203)。译员对自己的译语产出进行监听,为的是保证译语的质量,意识到错误可以马上更正。这种更正同时体现了译员明示性显身和隐含性显身,其中明示性显身是指,译员在更正译语的时候在话语中明示出"以下话语更正由译员作出"这类话语,也就是说,会有类似"译员更正"这样的话语出现在译语产出中。

例 3:

源语(编号:D1M. T. M20)

So this is the first research that supports this program. And this research is done across four thousand organizations over twenty-six hundred sales people…

译语(编号:D1M. T. M20. I1)

这是我们讲的第一个研究,这个研究也是我们这一次培训的一个支持。我们是在,我们 260 个销售人员做的一个调查,啊,译员更正,2600 个销售人员……

译员翻译数字的时候发生了错误,将"2600"说成了"260",但译员通过对自己的译语监听马上意识到错误,即刻作出了更正,并且明确指出这个更正是自己作出的,与讲者无关。译员的明示性显身体现于此,他明白地告诉听众：讲者在原话当中并没有说错，是自己将这一个信息点翻错了，现在要进行修正。译员在工作中有责任严格监听译语产出，意识到错误马上更正，保证译语准确性，因此，译员更正是译员的切实责任。

4.2.1.4 译语重复

笔者在研究语料的时候发现，译员有时会主动对讲者的某一句话语进行重复，这种情况往往发生在讲者出现较长时间静默的时候，如以下例子：

例 4：

源语（编号：D1M. T. M25）

Ok，time's up. So how are coaching and selling similar? And how are they different?（长时间停顿）…

译语（编号：D1M. T. M25. I1）

好，三分钟到了。辅导和销售有哪些相似和不同之处。那么让大家讲一下辅导和销售有哪些相似和不同之处呢？……

讲者向听众提出了一个问题，并让听众用三分钟时间进行小组讨论，三分钟过后，讲者让大家分享一下讨论结果，但是有的小组仍然在讨论，大部分听众没有理会讲者。虽然讲者表面上已经显露出焦急的神态，但还是耐心地等待了十几秒钟。在讲者等待的过程中，译员将前面一句译语又重复了一次，以填补讲者长时间的静默。

值得一提的是，在笔者进行语料转写的时候，发现同传间内的录音还记录了两位译员此刻的私下对话（当然这些对话是译员按着静音键进行的，并没有被收入听众的耳机当中）。工作中的译员重复了译语以后对搭档说："没多少人戴耳机哦，白说。"可见，译员本来是想要帮助讲者缓解静默的尴尬，讲完以后发现没有什么听众戴耳机，便意识到自己的帮助没有起到什么效果。这可以说明，译员刻意重复译语旨在帮助讲者引起听众的注意，并不是毫无原则地进行重复译语。此时讲者的语气和神态都显示出，她正在等待听众的信息反馈，正如 Bertone 所言，译员显然知道，对于意思的重新构建（recreation of meaning）来说，语调、口音、姿势、沉默、行动都与字词一样同样重要（Bertone，2006：157～158）。译员正是明白讲者的沉默和行动背后的意思才"出言相助"的。

例 5：

源语（编号：D1M. T-S2. QA3）

We need a microphone so everybody can hear. But，I will write that down, ok? Thank you…So, that's our first expectation.

译语（编号：D1M. T-S2. QA3. I1 ）

我们希望每个人发言的时候都要用麦克风，那我会把它记录下来。……好了，我们第一个期望值就是我们三个最重要的辅导工具。

讲者与听众对话完毕后，将对话的内容写在白纸板上。讲者边写边说，因为写的内容有点长，所以在写的时候会场又出现了很长时间的安静，于是译员将讲者写的英文内容（在上一个语段已经译出的内容）用目标语再说了一次。讲者书写用的是英文，单语的听众在久等的过程当中无法辨认板书，译员重复的译语能够帮助听众回忆起刚才听到的内容，进而了解讲者书写的内容。

笔者在对语料进行分析后发现，译员重复译语有两方面功能。其一，译语重复能够帮助讲者缓解气氛，旨在再次引起听众的注意并作出回应；其二，译语重复能够提醒听众讲者之前提及的内容，帮助听众明白讲者的行为目的。也就是说，译语重复有的时候为的是讲者的利益，有的时候为的是听众的利益，译员在为交际双方的利益实现做钟摆式移动。听众在视觉上可以直接看到讲者并没有说话，但是耳机当中却传来译员的译语，译语内容是跟之前听到的内容相一致，因此单语听众可以分辨出此时是译员主动做的译语重复。在第一种情况下，译员在立场上向讲者靠近，帮助讲者获得听众的回馈；在第二种情况下，译员则向听众靠近，帮助听众理解讲者的行为内涵。这两种情况的译语重复的结果是间接帮助了讲者和听众双方的交际沟通，也就是说，译员通过译语重复的方式参与了语际交流，证明译员主动参与了交际过程。

在以上总结的四类明示性显身中，前两类是译员为了保障工作顺利进行而作出的显身，后两类则直接与译员的译语产出策略和交际参与相关。

4.2.2 隐含性显身

4.2.2.1 无译语

在梳理语料时，笔者发现译员并不像常人所认为的那样：讲者说什么就译什么，只要讲者开口说话，一律会被传译为目标语。译员有的时候并没有翻译讲者的话语，而这通常出现在讲者话语包含以下几种情况的时候。

1. 双语掺杂

例 6：

源语（编号：D1M. S1. M1）

……好的，那么，我想我的介绍就先到这儿吧。Sarah，over to you.

译语（编号：D1M. S1. M1. I1）

…So that's all for my introduction. Sarah，over to you.

例 6 中的讲者本来是用中文在做介绍性发言，译员做的是从中文到英文的同声传译，接收译员译语的听众是以英文为母语不懂中文的 Sarah，其他听众因为通晓中文，因此没有戴耳机收听英文的译语。在话语结尾的时候，讲话人突然转换了语言，直接用英文与 Sarah 沟通。但是，此时译员并没有转换语言，没有将频道调成一频道并将这句英文译成中文，而是继续用英文做译语的产出，将讲者的英文话语重复了一次。也就是说，此时，译语传递的对象并没有发生变换，译员没有用中文译出这一句英文，仍将译语接收者视作 Sarah，而非以中文为母语的听众。此处讲者的英文为最后一句话，合乎语法规范，也适合译员前一段译语的结构，因此译员选择将讲者的英文复述了一次。在这个例子中，原发言者的说话对象事实上发生了转移。在 "Sarah，over to you" 这一句话之前，讲者用中文发言的内容是在介绍此次研讨会培训的背景和一些会务的说明，其话语针对的是在场的全部人员，而最后一句话很明确地将话语接收对象从全体人员转向一个人：Sarah。译员的操作表明译员迎合了讲者的话语对象选择。

例 7：

源语（编号：DIM. S27-T. Q1）

呃，这个象限的问题呢，可能要多一个，就是问了之后，要问他的解决方案，是什么。就是问这个 sales 的这个 solution。 Ask sales for solution. 要问他，这个…他的这个…

译语（编号：DIM. S27-T. Q1. I2）

I think in these four points we need to have something else. That's to say，when we ask，we want to ask their solutions，my subordinate solutions.

这个双语掺杂的讲者先在中文中掺入英文单词来表达，再接了一整句英文（虽然在语法上尚欠斟酌），然后又转回全中文的发言。讲者前面两句中文已经将全部信息传达完毕，接下来又选择用英文单词和句子将前面的中文内容复述了一次。译员并没有将讲者用英文发言的内容传译成中文，译员在边听边译的过程中整合了讲者的英文，将其意思整合入自己的译语当中。与例6不同的是,此例中讲者的英文包括两个层面:单词和句子,在语言结构和语法上无法很好地嵌入译语,因此译员选择忽略讲者的英文而将关注点放在讲者的话语内容意义上。

这两个例子也有相同的地方。译员没有将讲者的英文句子或字词翻译成中文,主动在译语接收听众上作出了判断和选择。这两个例子的译语接收方都是以英文为母语的完全不懂中文的美国导师,并不是其他以中文为母语的听众。笔者在会议现场观察到,当时其他讲中文的听众并没有戴耳机,只有美国讲师戴了耳机。前文已经提到,耳机的隔音效果良好,使用中等音量时基本上无法清晰听到现场讲话人的声音。因此,在例6中,目标语(英语)听众很难判断译语的最后一整句话其实是发言者的原话,并不是译员翻译的内容。例7中,听众也无从得知讲话者在源语中参杂了英文的只字片语和语法上有缺陷的句子。也就是说,译员的译语产出策略修饰了听众(美国讲师)对讲者形象的看法(至少是在说英文的能力上),听众并没有听到讲者的原话,从翻译当中也无法像双语听众那样判断讲者会讲英文或者英文能力,因而讲者的形象得到了修饰。

2. 自言自语

例8:

源语(编号:D2M. T-S10. Q14)

And that's the behavior you display so far. What would you like to do differently? I mean if you really like to improve in this area, what new and different behavior would you like to pursue?(有人电话响)I can not believe it!(很小声)

译语(编号:D2M. T-S10. Q14)

我觉得这是你现在表现出来的行为,你想不想要改变呢? 我的意思是,如果你想要提高的话,有什么样的新的或者不同的行为你会想要做的呢?

讲者在发言的过程当中突然听到一听众的手机铃声大作,这种情况此前已经多次发生,因此讲者再三强调,让听众将手机调成振动或静音状态,但是没想到这样的情况又发生了,讲者觉得非常不可思议,并停下正在发言的内容,自言自语轻声地表达了不解和不满。但是,此处译员并没有翻译这句小声到几乎听不见的话语,讲者不满的语气和情绪没有得到彰显,因而修饰了讲者的形象。当时笔者在现场观察到,会议的气氛有点尴尬,讲者在说"I can't believe it"的时候,眼睛盯着手机铃声响的当事人,皱着眉摇着头。很显然在场的各位都明白导师对再次发生这种情况表示不满,当事人立即关闭了手机,并且连声用英文说抱歉。在场的单语听众从讲者的神态和动作上能够判断出讲者的意思,但至于讲者到底是用什么具体的话语来表达的这种意思,其不满程度如何,单语听众就无从判断了。

3. 语气词

例 9:

源语(编号:D2A. T. M5)

…So I wanna make sure that we tackle the third challenge. Oops! The third challenge of coaching is that we repeat the same conversations…

译语(编号:D2A. T. M5. I2)

……那么我要保证的就是,我们要解决第三个挑战。第三个挑战呢,那就是,我们重复同样的对话……

例 10:

源语(编号:D1M. T. M62)

…That means basically, tailoring the answers to their feedbacks. Ouch!(老师的手机响了,老师自己按掉手机)So , how surprised is this information to you ? ...

译语(编号:D1M. T. M62. I1)

……这就意味着要对他们的回馈做有针对性的回答。所以说,这个信息对大家来讲是不是有点意外?……

例 9 中,讲者一边讲话一边翻写字板上的笔记纸,想要找到以前写的板书,以便有针对性地阐释自己讲话的内容。在翻页的过程当中把笔碰掉了,于是讲者下意识地发出一句"Oops"(哎呀,表示惊讶狼狈时发出的喊声)以表示意外,然后立即弯腰将笔捡了起来。

例 10 显示的则是在讲者讲话的过程当中,自己的手机突然响了。讲者表现得非常地意外,马上将手机关闭。她用英文的语气词"Ouch"(哎呦)来显示自己对自己竟然没有关手机这件事情感到意外和抱歉(因为讲者此前已经多次声明,要求大家把手机调成静音)。

尽管译员没有将讲者表示惊讶的语气词翻译成对等的中文,却不影响在场的听众理解讲者的现实状态,因为听众看到讲者出的状况和表现。从这一个层面上来说,译员不译对讲者形象的修饰程度是比较低的。但是,对单语的听众而言,虽然看到讲者的行动,却不知道讲者发出了表示某种情绪的语气词,因此无法完全理解讲者的情绪,讲者的形象因而仍然得到一定程度的修饰。

4. 无意义实词

例 11：

源语（编号：D1M. S13-T. Q1）

……我也想到另外一个问题，就是我们今天的这个培训，就是假设的这个培训，它是培训的一个体系呢，还是培训 coaching 的方法之一。因为可能很多人带的期望值是希望听到一个系统的一个培训，一个全面的标准答案，不知道啊，这个是我的，那这个问题实际上是一个课程的问题。对，好，谢谢。

译语（编号：D1M. S13-T. Q1. I2）

…I think the topic today hypothesis-based coaching is kind of/（．）Is it a kind of system？ Or it's a kind of method？ Because many colleagues want to have a systematic knowledge on coaching. So I am not sure whether this is a system or this is a method, a question on this course. Thank you.

例 12：

源语（编号：D1M. T. M69）

Ok, good, all right. Is there a question?

译语（编号：D1M. T. M69. I1）

这里有问题吗？

在这两个例子当中，"对，好" 以及 "Ok, good, all right" 这类没有实际意义的实词并没有出现在译员的翻译当中。这类词语没有实质性意思，表现的是讲者在即兴发言中的一种讲话方式或习惯，可作为连接话语信息之间的缓冲和铺垫。译员没有翻译这类词语（事实上有时也无从翻译），将其语言修饰得更加简练，从而修饰了讲者的形象。

5. 客气话

例 13：

源语（编号：D1A. S4-T. Q1）

……所以说，我觉得是蛮，蛮奇怪的，我不知道是我这个，这个这个，也中文理解可能不好，我不知道是说有这么一些想法。就说这么多，不好意思啊。

译语（编号：D1A. S4-T. Q1. I2）

…So it's quite puzzling for me. Perhaps the Chinese is not very good so I couldn't figure out what it is means, it meant.

此例中讲者的逻辑性和话语性都不强,前言后语的联系性较弱,话语内容显得支离破碎。可能是说话习惯,讲者很喜欢用"不好意思啊"作为结束语,语料显示,凡是有这个结束语的地方,译员都没有翻译。这一句客气话在讲者话语中没有任何意义,其功能相当于"我的发言完毕",并没有真正道歉的意思。译员没有翻译这句话,也没有展现出讲者用这句中文作为发言结束的习惯,因此修饰了讲者形象。

例 14:

源语(编号: D2M. S11-T. Q1)

Excuse me, Bill seems to pick up the topic purposely, he just focused on one of those competencies, but normally, if you are coaching, you find somebody or you really ask your subordinates concerns or questions it might not come from those ten competencies.

译语(编号: D2M. S11-T. Q1. I2)

Bill 其实好像是专门地讲了他的这一个话题。他讲了他这个十个能力当中的一些,找了一点。那么,他呢就来,如果,如果你真正找一个其他的人的话,他可能不会讲这个话题的,不在这个能力陈述当中的。

"excuse me"这一英文表达旨在引起对话方的注意,用以引出下面要说的话语内容,是英语中常见的客套话。译员没有在中文译语中显示出这一英文客套话,而是直接进入主题。单语听众无从判断讲者谙熟英文行文习惯,以这一客套话引出说话内容的形象。但是,与前一个例子不同的是,此例中的客套话并不是完全没有意义的,至少在英文原话当中,"excuse me"具有一定语法作用和语义内涵。

6. 测试话筒

例 15:

源语(编号: D1M. S17-T. Q1)

喂?喂?嗯,我想,就是有一点别的东西……

译语(编号: D1M. S17-T. Q1. I2)

I want to learn something different.

有时候讲者在发言前很习惯拿着麦克风测试一下,以确认麦克风处于开启状态,这表明讲者对于使用麦克风是足够敏感的,至少讲者知道需要使用麦克风才能够将话语传递出去,让在场的所有人(包括同传译员)听到。但译员并没有翻译这一个测试麦克风的语气词,修饰了讲者对使用麦克风敏感性高的这种形象。试想,如果译员将这句话翻译成英文,如"Hello, testing, testing"会有怎样的后果?单语听众只会认为是译员自已在测试麦克风,而不会想到实际上译员已经开始做口译了。

7. 非正式对话

例16:

源语(编号:D1M. T. M45)

All right. Any questions？ We've got ten minutes to go before we wrap it up of our intro. Then we'll break. Any questions？（有人用手机打电话）And could we not use our phone in the room？ If there are phones, there's the door. Thanks.（打电话者说了句:"Sorry."）That's ok. So page ten…

译语(编号:D1M. T. M45. I2)

好,现在有没有什么问题,我们在,呃,茶歇之前二十分钟,请大家不要使用手机,好吗？如果你要使用手机的话,请到门外去。好,我们来看第十页……

针对本研究而言,"非正式对话"是指跳脱了讲者当下的发言语境或主旨,临时发生的与发言内容没有直接关联的对话。在例16中,讲者在发言时有听众用手机打电话,此前讲者已经一再声明不要在会场内打电话,所以对此表示不满,并请打电话的人离开会场。打电话的人明白讲者的意思,在座位上关掉电话并用英文说了声抱歉,讲者进而对其抱歉回应道"没关系"。但是译员并没有翻译这一段只发生在讲者和单个听众之间的非正式对话。

按照源语语义在讲者话语中的重要性,笔者将以上七种无译语产出的类型分成三个意义级别,如图4-4所示。

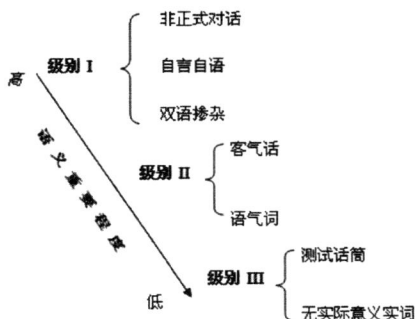

图4-4　无译语产出语义级别划分

三个级别的语义重要程度呈递减走向,级别Ⅰ的语义重要性最高,级别Ⅲ的语义重要性最低。在无译语产出这一类别(K)当中,源语语义(M)重要性直接与讲者形象的修饰程度(S)相关联,并可视作成以下的正比关系:

式（4-2）语义与讲者形象关系式

S=KM

如果将无译语产出视作一个常量，在同样没有译语产出的时候，讲者形象的修饰程度与源语的语义重要性成正比，源语的语义越重要，讲者形象得到修饰的程度就越高。

译员选择"不译"的策略并不是毫无依据的。毫无依据的"不译"直接影响译语的准确性和全面性，应被视作同传工作的疏失。总结归纳到本研究中的"不译"语料是译员出于各种客观原因主动执行的译语产出策略，是译员为了保证同传工作顺利进行，考虑到译语接收方对信息的处理和理解，保障双语交际有效实现的操作。这种"不译"的最终目的是为了保障译出的内容在目标语环境中有直接相对应的意思，译员因为时间有限而无法对译语作进一步解释，为避免听众对译语不解或产生歧义而做出"不译"的操作。也就是说，不译的内容必须加上语境解释才能在目标语中充分显示存在的原因和意义，译员如果进行语境解释，势必会花费一定的时间因而影响与双语交际话题直接相关的译语产出，因此译员选择了不译。从这一方面来说，这种"不译"应当属于译员的角色权利，是译员的价值主张和恰当的策略，展现了译员合理的主张和自由。

4.2.2.2 意译

长久以来，直译和意译、异化和归化一直是翻译研究的关注点。持对立观点的研究者对翻译方法有不同的意见，但其实研究点都"只是针对翻译的某一方面而言的，异化针对的是翻译中原文本的文化因素，归化针对的是翻译中原文本的效应因素。两者表面上看来是水火不相容，其实初衷是相同的，即为了更好地传播原文本中的文化，只不过韦努蒂认为要采取直接译出体现源语文化的语言，而奈达认为要采取突出原文本作用的方法，一个从微观着手，一个从宏观上实现。二者实际上是相互融合的"（唐德根，吴静芬，2008）。直译可以提供语义意思（semantic meaning），在有的口译场合（比如美国的法庭翻译），直译是明确必须的（explicitly requested）。Kaufman（2005: 538 ～ 539）曾指出，在谈判的口译场合中，译员越隐身越好，直译为上选，因为这才是谈判各方所需要的。但是，直译不一定都能传达重要的语用含义，有时口译场合中的直译无法捕捉话语的实质精神（the spirit），因此在某些情况下不可直译，而是要把与源语言意思对等的内涵和精髓表达出来（Gudykunst，1990）。也就是说，译员在源语和目标语之间，有时靠近源语，有时靠近目标语，做钟摆式摆动

（Robinson，1991：90）。一种语言中特定类型的词或结构在另一中语言中代表的意思可能是不一样的，又或许是在另一个语言的社会当中无法接受的（Gile，1995：75）。会议译员常用转喻（metonymy）的手法，但是因为存在某种因素的缺失，目标语听众的感受并不能完全与源语听众一致（Robinson，1991：162）。也就是说，到底是直译还是意译，应由口译场合来决定，译员可根据自身的专业能力进行相应的灵活操作。

　　有时候，话语存在字面意思和言外之意，这与直译和意译并不是直接对应的关系。直译和意译通常存在于字面意义之上，言外之意则属于另一个意义范畴。因此，在本研究中，"意译"包含两个层面的意思。在第一个层面上是指与直译相对应的意译，也就是靠近目标语的归化翻译；在第二个层面上，译员除了话语的表面意思之外还将话语内在的言外之意和盘托出，或者直接表达后者而省略前者。讲者本来是用某个层面的表面意义来表达更深一层的言外之意，并没有将言外之意和盘托出，译员却对源语话语作出了某种程度上的解释。

　　在第一个层面上，译员实施了某种程度上的文化操控。一种说法在源语中被视作理所当然，但在目标语文化中却会因为文化差异而变得不合情理或者令人感到奇怪，因此译员选择抛弃字对字的翻译，阐述文字背后的意义。

　　第二个层面的源语包含表面意思和弦外之音，一语双关，对于源语听众来说，这样的话语有较强的语境效果。

　　Speber 和 Wilson 认为，语境效果是话语所提供的信息和语境之间的一种关系，话语的语境效果与关联性成正比关系。新信息和旧信息（现有语境假设）之间有三种关系会产生语境效果，使话语具有关联性：新信息与现有语境假设相结合，产生新的语境含义；新信息加强现有的语境假设；新信息与现有的语境假设相矛盾，并排除现有的语境假设（Speber & Wilson，1986：114）。语境效果是由心理过程产生的，心理过程包括听话人处理话语所做的努力，即时间和精力的消耗。因此，确定语境关联程度的第二个因素就是处理话语时所付出的努力，两者成反比关系。具有暗含意思的话语，对于源语听众来说，因为在推导新信息和现有语境假设之间关系时付出了更多心理努力，话语信息产生了更加强烈的语境效果。但是，在同传过程当中，译员往往没有"奢侈"的时间，既做字面翻译又解释弦外之音，很常见的情形是，译员会采用意译的策略，进行文化迁移，或对较为隐晦的说法所包含的意思和盘托出。很显然，对于目标语听众来说，这样意译的操作无法显示讲者的匠心独具与语言的修辞性特色，理解话语的心理努力强度较低，因此译语产生的语境效果与源语听众听讲者发言所产生的语境效果不可同日而语。语境效果的不同导致讲者形象的变化,"意译"策略修饰了讲者形象,是译员在产出策略上靠近听众一方所做的显身努力。

例 17:

源语(编号:D1A. T. M15)

…So if you know what you should be seeing, it is easier to understand what you are seeing. Are there any questions here? Is this ringing true or does this make sense? Yes, a truth in the room. Yeah!(大笑)

译语(编号:D1A. T. M15. I1)

……然后呢,如果你知道你想,应该看到什么的话呢,你就很容易理解到你正看到的是什么,对这个有没有什么问题呢,这个到底对你来说是不是合理的?有没有异议的?好!大家终于不争论了。

在此前的讨论当中,听众与讲者总是不能达成一致,对于讲者的很多观点和论述,听众总是提出很多讨论的问题,要么对其质疑,要么对其表述表示不认可。而在这个例子当中,讲者提出了一个解释,并问下面的听众是否有异议,听众表示没有,讲者非常高兴,高兴地说"a truth in the room"(字面意思是:房间里的真相),译员并没有直译这句话的意思,而是把讲者真正想表达的意思"大家终于不再争论了"翻了出来。讲者用"Yeah!"和大笑来表示强烈兴奋和雀跃的语气,译员将这个语气词的意思融入前一句的翻译当中,用"好!"的感叹来尝试接近讲者的情绪。从译语来看,讲者十分兴奋的形象得到了某种程度的缓和。

例 18:

源语(编号:D1M. T. M63)

Detail is a task that is viewed as neutral.(一边写黑板一边说)This by the way, is the vast majority of our lives. It is waking up, having a shower, getting in a car, eating breakfast, taking the kids to school, getting to work, doing your work, making your phone calls, talking to its/ most of our life is neutral. It is that what we do, it is not negative, it is not positive. It is just what we do.

译语(编号:D1M. T. M63. I1)

而细节呢,细节就是说我们的一个工作,但它是一种中立的工作,而这一个工作细节呢,是我们的一个最主要的部门,呃,部分了。比如说早上起来洗漱,送孩子上学,接电话,我们生活中大部分都是充/充满了这一些中立的细节,它既不好也不坏,但我们全部要做这些细节。

讲者是美国人,在讲述日常生活细节的时候,采用的是美国人的视角。讲者在此例中提到"早上起来后洗澡"的细节。美国人大多都不在晚上洗澡,而是在早上洗,从这个行为习惯上来看,讲者在描绘细节的时候实际上是从时间的先后顺序上来安排的:起床,洗澡,送孩子上学……仔细分析一下,就能看到译员在这一个细节上采用了扩大范围方式,将"洗澡"译成"洗漱"。严格说来,在中文语境下所说的早起洗漱是指洗脸刷牙,但讲者说的"洗"实际上指的是"洗澡"。 话语具有构图能力,而语句中的关键词汇就是构图的标志(可能是一个不完全序列、一个不完全推理或者一个条件),话语的构图能力能够实现话语意象,受众会对某些词汇产生语词联想,既包括所指事物本身,也包括这个物象在生活中所起的作用,话语的意象作用由此而展现出来(韦勒克、沃伦,1984:201～202)。在这一个例子当中,译语改变了源语的意象,虽然只有一字之差,美国人的日常生活习惯细节被进行了修改,美国人早上洗澡的这个文化差异没有为听众所接收到,实际上译员实施了某种文化的操控。

笔者认为,"意译"在同传译员角色行为框架中落在角色权利的象限里,译员有权利主动选择直译或意译的口译策略,意译属于译员对译语产出策略的主动选择,是译员适应"同传生态环境"的结果。这一点可以从胡庚申的"翻译适应选择论"当中找到理论支撑。胡庚申提出了以译者为中心的翻译观,彰显译者在翻译活动中的地位和功能,为译者"译有所为"寻找理论支持,确立了翻译活动中以译者为中心的翻译适应选择论(胡庚申,2004:10)。他认为,适应是译者的选择性适应,选择是译者的适应性选择,在翻译过程当中,译者一切适应选择性行为都由译者有意识地决定并操作(胡庚申,2004:97)。翻译生态环境是制约译者最佳适应和优化选择的多种因素的集合,这种生态环境指的是原文、源语和译语所呈现的世界,是语言、交际、文化、社会,以及作者、读者、委托者等互联互动的整体(胡庚申,2004:84)。

如果将这一概念借用到同传研究领域,可以推导出"同传生态环境"的概念,即讲者话语、译员译语所呈现出来的世界,是语言、交际、文化、社会,以及讲者、译员和听众等互联互动的整体,是制约译员最佳适应和优化选择的多种因素的集合。"从翻译适应选择论视角来解释,不论是归化还是异化,也不论是直译还是意译,都可以看做是译者为了适应翻译生态环境所作出的一种翻译策略的选择……翻译适应选择论都可以把它解释为:择善而从——即译者为'求存'而'择优'"(胡庚申,2004:125)。在同传生态环境中,译员作出意译的选择,是因应了同传生态环境所作出的与之相适应的语言、交际、社会、文化等不同方面、不同层面多维度的适应和选择。译员的适应和选择是为了保障语际沟通的有效进行,因此这种适应选择可被视作译员的一种权利,只有拥有权利的译员才能够履行自己的行为角色。

4.2.2.3 语气修饰

例 19:

源语(编号: D1A. T. M15)

If we can, can we turn down the light a little bit in the room so that the video shows up a little bit better? Is that possible? （可爱地）Help me, help me.（大笑）Oh, great, thank you!

译语(编号: D1A. T. M15. I2)

请大家把,能不能把灯光调暗一点,这样子就看得更清楚一点,可能吗? 把灯光调暗一点。可以吗? 帮我把灯光调暗一点。谢谢。

此处讲者在说"help me"的时候刻意地用了孩童般可爱的语气,然后又发出连串笑声,展现了讲者爱笑的一贯形象和美国式幽默。但是,译员的译语产出中没有显现这样的形象,译员只用了十分平和正常的语气来处理这一段"可爱的"求助。

例 20:

源语 1(编号: D1M. S33-T. Q3)

老师,反过来这一个当中,就是涉及到一个就是评判的一个标准。因为我的概念就是说,你现在认为他的好坏,更多的是由……(被打断)

译语 1(编号: D1M. S33-T. Q3. I1)

But this might involve the criteria of assessment. Because I would say, the performance is dependent on…

源语 2(编号: D1M. T-S33. Q3)

Ok. Hang on, hang on. Sorry, please, stop!! We are not assessing people. That is performance management…

译语 2(编号: D1M. T-S33. Q3. I1)

稍等一下,不好意思,稍打断一下你,我们不是在评估他们的这个表现,这个是绩效的管理,另外一个话题……

这个例子中,两位讲者在进行讨论,前一位讲者讲的内容并不是后一位讲者的意图所在,反复讨论了很长时间仍然没有直指问题关键,于是后一位讲者因急于节省时间而打断了前一位讲者的发言。讲者的语气较重,但是译语中,译员没有将"stop"译成"不要说了!"或"停下!"而只用"稍打断一下你"这样更有礼貌的讲法。译语缓和了讲者强硬的语气,修饰了讲者的对另一位讲者稍有不满的情绪。

　　研究语料发现,译员对讲者语气进行修饰呈现一个共同特点:将强烈的语气中性化。强烈语气通常有两种类型:正面情绪(如热情、高兴、可爱、兴奋、幽默,等)和负面情绪(如厌烦、严厉、生气、批评,等),译员的译语倾向于将这两种情绪的语气向中性语气偏移。相对而言,对于负面情绪进行偏移要比对正面情绪进行偏移的程度高,如此一来,译员对负面情绪的修饰、缓冲和语言效果比对正面情绪的修饰效果要更强。

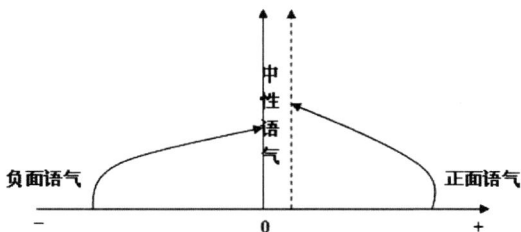

图 4-5　语气修饰操作图

　　如图 4-5 显示,横轴为源语的语气性质,左右两边分别是负面语气和正面语气,中间(零的部分)为中性语气,纵轴为译语的语气性质。译员在译语产出中将源语的负面语气缓和后,尽量向中性语气靠拢。但是如果源语含有正面的强烈语气,则视具体情况而定,译语语气往往停留在中性语气与正面强烈语气之间的过渡地带。这样一来,正面强烈语气与中性语气之间的差异没有负面强烈语气与中性语气之间的差异那么大,因此译语产出与源语之间的的语气性质差别也略为小些。

　　笔者认为,译员对源语的语气修饰既显示了角色立场,又表明了译员的交际参与。首先,在将正面强烈语气向中性语气靠拢时,译员采取了显示译者显身性的中性立场,没有完全模仿并传递强烈的正面语气,因而在译语中改变了源语的语气性质。从交际上来说,译员以缓冲语气的方式参与了双语交际,使双语交际的语气效果没有单语交际的语气效果来得那么强烈。其次,译员将负面的强烈语气做了修饰缓冲,向中性的语气靠近,在立场上更加偏向于作为话语接收方的听众,此时目标语听众接收到的话语语气与源语听众所接收到的话语语气差别甚大,目标语听众接收到译语之后引起的情绪波动不如后者大,这样一来,译员以一种暗含的方式规避了负面语气对听众产生的潜在影响和刺激,在一定程度上缓和了源语强烈的负面语气给听众造成的不快,此种语气修饰的效果比前一种更加明显。这种语气修饰的结果是降低了讲者与听众潜在心理冲突,因此利益目标人群是交际的双方。

4.2.2.4 话语修饰

1. 主动纠错

例 21:

源语(编号: D1M. T. M19)

…So if (.) a sales rep is coached by a low-performing coach———and that means a coach in the bottom third of our coaches. They'll achieve about eighty percent of goal. If the same rep is then coached by an average performing coach, they will bump up to that ninety-seven percent performance. If a coach(口误,应该是 rep)has a good coach, one of the top third coaches, they will go over the mark and move to the hundred and two percent.

译语(编号: D1M. T. M19. I1)

……也就是说,如果销售代表得到了一个(稍作停顿)不太好的教练,也就是说,我们属于后三分之一的教(第一声)/ 这个教练呢,他们的这一个达成目标只有百分之八十三,如果这个教练的效果是属于普通的话呢,他这一个绩效能达到百分之九十七,但如果销售代表有一个很好教练,也就是属于我们头三分之一的教练呢,他们的达成目标呢,能够超过百分之一百,达到一百零二。

此处讲者一直在谈论销售代表的教练,话语中出现了口误,说成"If a coach has a good coach"(如果教练有一个好教练的话)。译员迅速判断并觉察出讲者的口误进而主动纠错,在译语中将讲者的话语更正成"销售代表有一个好教练",修正了讲者出现口误的形象。

有意思的是,有的学者认为,译者有代言者的角色身份,这种代言人有的时候是传声筒,也就是说,按照原话传达,传递的话语意图是讲者的,因而对所传递的话语信息是免责的,"这一现象在同时传译当中尤为突出:只要照实译出,对数字的正误、事件的虚实、话语的真伪、言后行为等概不负责"(陈历明,2006:81)。从本研究语料和笔者的会议经验来看,事实并非如此。译员有能力基于常识或上下文语境判断出讲者是否在某处出现了口误,如果是明显的可被即刻更正的口误,译员通常会自动更正口误,如果涉及到十分专业的内容,译员判断讲者出现口误后,会使用相关策略对口误进行模糊化修正。

2. 修饰话语质量

例 22：

源语（编号：D1A. S4-T. Q1）

这个啊，我虽然现在不做老板了，但我是给别人领导的，那它，它上面讲的这个根本动力，我不太清楚是，我反正英文也不好，中文也不行，看不懂。那我就想想我的看法，如果说我老板给我去做辅导，如果他不是很尊重很诚恳的话，让我感觉不到，我觉得这是很重要的。这些东西，你说，老，老板，加，加工资从来跟你讨论过吗？我觉得从来没有跟我讨论过，他也不敢跟我去谈这个东西，是不是，谈不过我是吧？所以说很多东西跟我想像得不一样，就是说，呃，还有一个就是说，呃，怎么来讲，就是说，还是要有一些实事求是的东西。也不是说你要去夸张去做一些迎合的东西，我也不是傻子，你拍我马屁也没用。是不是，我反而是觉得大家，这我的心态不是，很诚实，我们讲很真诚的一个东西，我觉得，我就觉得，没，没写这些东西，我不知道我讲这些东西是不是大家能理解，也就是说，是不是说，我们要去的根本动力就这几个方面去，去，跟下面去谈。如果是这样的话，我觉得就不对了，如果老板要跟我以这个问题来跟我谈的话，我没有一个能接受的，因为他没办法跟我谈这些东西。是不是？所以说，我觉得是蛮，蛮奇怪的，我不知道是我这个，这个这个，也中文理解可能不好，我不知道是说有这么一些想法。就说这么多，不好意思啊。

译语（编号：D1A. S4-T. Q1. I2）

Well, although I am no longer in management position, but I think the fundamental driver here, I am not so sure, either in English or Chinese, I could not figure it out. If my boss is coaching me, and is not being very respectful, uh, I would not feel the respects. Has my boss ever talked to me about the increase, uh, the salary increase? He will never talk to me about the salary increase. And also, uh, we have to be very practical, you shouldn't exaggerate. I am not stupid, there is no need to bottom me up. We, uh, need to be very honest and sincere. I wonder if you will agree with me. I think the fundamental drivers are, when we are talking to our subordinates, I mean, if my boss talks to me in this regard, there's no need, no way we can communicate well. So it's quite puzzling for me. Perhaps my Chinese is not very good so I couldn't figure out what it is means, it meant.

这一位中文讲者的发言在逻辑、措辞、话语表达和话语内容上都很有问题，本例显示，话语意思支离破碎，前言不搭后语，常常将之前说过的内容推翻重新说,意思既不明确也很啰嗦。译员的译语产出明显比讲者的发言要好得多,修饰提升了讲者的语言能力和发言形象。

很多研究者似乎都认为,译员应该提升、粉饰讲者的话语内容。比如,Herbert(1952:23)提出,译员在做口译的时候,每一个意思的每一部分都应该以一名优秀的公共演讲者的方式表达出来。也就是说,讲者可以不是一名好的演讲者,但是译员必须擅长演讲。Robinson(1991:28~29)也说过,同传译员要冒险假设讲者的源语言是有意义的,也许还要把混乱的源语变得有意义。同属翻译行为,在是否要对源语进行修饰这一点上,口译和笔译有着完全不同的标准。在笔译中,不允许译者超越作者,因为译者是从属于作者的。作者(讲者)对自己的话语有最终的拥有权(own their own words),只有他们有权力和权利控制文本市场(textual market);而在口译当中,讲者的发言可以是糟糕的,但不允许译员重现讲者的糟糕形象,译员必须是"优秀的演讲者"。值得一提的是,长久以来译员被要求隐身,唯独在这一点上被"强烈"要求显身,却一直没有给出合理的解释。笔者认为,这个问题本身就体现了译员"工具论"。译员在人们心目中首先是工具、是被雇佣者和服务提供者,服务使用方是语际沟通的双方(以及主办方),使用方都希望讲者破碎不堪的发言内容从译员嘴里说出来会变得富丽堂皇,因为工具是为人使用的,如果出现了什么差错,肯定是工具本身性能不佳,而不可能是用户使用不当。

译语修饰在很大程度上修饰了讲者形象,这是否应该属于同传译员的角色责任,笔者持保留意见。笔者认为,修饰讲者形象是译员参与双语交际的一种显身,译员通过修饰讲者形象的译语产出帮助交际双方实现顺畅的信息传递和交流。

4.2.2.5 自我更正

前文提到在明示性显身中译员对译语进行更正的例子,其中译员在译语中明确表示该更正是由译员发出的。但是,语料显示,并不是所有的译语更正都显示了译员对更正的所有权(ownership)。同传时间压力太大,大部分译员更正都没有明示,而是通过直接补充或者语气暗示正确内容的方式进行。值得一提的是,严格说来,译员自我更正的范围比较广,涵盖字词到语段,译员有时还会在随后的翻译里修正之前的某些内容。因此,为研究之便,我们将隐含性显身中译员自我更正的范围缩小,只将词或短语信息层面上的自我更正纳入研究讨论的范围,同时把译员对自己译语内时态、语态、搭配等语法层面的自我更正例子排除在讨论范围之外。"自我更正"与前文所提到的"译员更正"一样,都属于译员的角色责任。

例 23:

源语(编号:D1M. S17-T. Q1)

……我更感兴趣的一点就是,类似技能以外的东西,比如说像,嗯,比如说美国像心理学上世界上最发达的一个国家呵……

译语(编号:D1M. S17-T. Q1. I2)

But I want to learn more beyond methods and tricks. Say for example, in the United States, psychological scientists, psychological science are the most advanced in the world…

译员出现口误将心理学说成了心理学家,但是马上意识到错误,即时进行了更正,并把更正后的名词"psychological science"直接放在口误之后。但是,单语听众对此无从判断,并不知道是否讲者确实先讲到了"心理学家"而后又转而换成了"心理学"。也就是说,听众并不知道这是讲者的原话,还是译员做出的更正。

4.2.3 模糊性显身

语料显示,除了明示性显身和隐含性显身以外,还存在另外一种原来没有发现的显身类型,介乎于上述两种显身之间,只发生在两个讲者对话的过程中,并存在一定的模糊性,可称之为"模糊性显身"。

与交替传译不同的是,同声传译活动中持同一种语言的讲者对话时,不存在话轮的交替,也没有停顿和间歇。分秒必争的时间压力使得译员无法每次都可以在不同的讲者发言轮换交界点上做停顿,显示翻译内容专属于某一个讲者,译语产出往往是连贯而没有中断的。这种译语产出方式模糊了讲者形象,单语听众在听译语的时候,无法判断到底是哪一个讲者说了哪些话语内容——话语归属的分割线被模糊化,译语话语内容的归属不明确。与前两种显身类别不同的是,模糊性显身并不是译员主动的选择,完全是无可奈何而为之,是译员迫于时间压力不自觉、被动进行的。此时听众无法明确判断译语归属和发言者形象,讲者的话语归属变得模糊,因而在此类显身种,译员与讲者也发生了关联,因此前文中的译员显身图可以进一步发展成图 4-6。

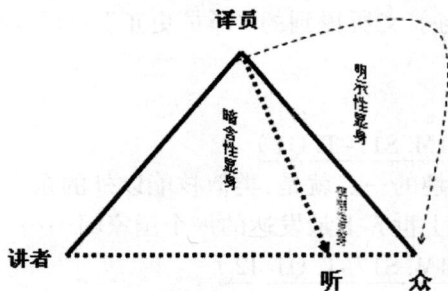

图 4-6 同传译员显身图三

例 22：

源语 1（编号：D1A.T.M29）

So for this exercise on this page, I want you to tell me, just out into the room. The benefits sand the disadvantages of being silent in front of your customer. What's the benefit of sitting silently with tape over your mouth, when you got your direct report with you? What's the benefit to that? I didn't⋯ We need the microphone.

译语 1（编号：D1A.T.M29.I1）

这一个练习,在二十页这一个练习呢,我想让大家告诉我,直接告诉我,有哪些好处和哪些缺点。一个就是说,在你顾客面前一言不发,有哪些好处,跟哪些缺点。有些时候你坐在客户面前,就好像把嘴贴起来,让你的下属去工作,你一言不发,这有哪些优点哪些缺点呢?请大家先来发言。我没有听到,需要麦克风。

源语 2（编号：D1A. S16-T. Q1）

So the advantages for, the benefits for whom for, for what? For⋯

译语 2（编号：D1A. S16-T. Q1. I1）

好处,对谁的优点?对谁来说是优点呢?

源语 3（编号：D1A. T-S16. Q1）

Benefit to the sale, for the interaction.

译语 3（编号：D1A.T-S16.Q1.I1）

对于这一笔销售,对于这一次的互动的。

源语 4（编号：D1A.S16-T.Q2）

For the direct report, right?

译语 4（编号：D1A.S16-T.Q2.I1）

是对下属而言的吗?

源语 5（编号：D1A.T-S16.Q2）

Yes.

译语5（编号：D1A.T-S16.Q2.I1）

是的。

源语6（编号：D1A. S16-T. Q2-END）

Ok.

译语6（编号：D1A. S16-T. Q2-END.I1）

好的。

源语7（编号：D1A.T-S17.Q1）

So what's the benefit? If you sit there absolutely silent, what's the benefit?

译语7（编号：D1A. T-S17. Q1. I1）

优点在哪里？如果你坐在那里完全不说话。

源语8（编号：D1A. S17-T. Q1）

Getting more power actually.

译语8（编号：D1A. S17-T. Q1. I1）

这一个下属有更多的权力。

源语9（编号：D1Q.T-S17.Q2）

Yes, you keep the credibility with this sales rep, absolutely, you keep the credibility with the sales rep…

源语9（编号：D1Q.T-S17.Q2.I1）

而且呢，这个销售代表有更多的信誉度，这个可信度。

这一段互动全长约50秒，包括了三个发言者的互动和问答，前一个讲者话语语段结束之处都与下一个讲者话语语段开始之处出现了重叠（语料中用波浪线显示）。语料录音转写虽然从字面上完全展现了录音的内容，但确无从显示讲者的说话速度和节奏。源语话语是50秒，译员的翻译时间为55秒，译员的译语较之于源语跟得非常紧。讲者话语重叠性高，因此译员译语产出的连续性较强而且没有中断。互动期间有三个对话方，戴着耳机的单语听众无法听到讲者的声音。听众单凭译语的内容和节奏并不能判断话语的归属，因此讲者形象变得模糊。

模糊性显身并不是译员主动的选择，可被视作译员显身和隐身之间的一个灰色地带，隶属于译员的角色责任。从这个角度上来说，同传译员的角色性，并不是黑白分明、非隐即显的。在这个区域中，译员的显身性若隐若现，是译员隐身性向显身性的一个过渡。

4.3　语料数据统计与分析

4.3.1 三类显身数据概览

经过语料分析,笔者统计出同传译员显身的例子共计 235 例,其中明示性显身 44 例,占 19%;隐含性显身 164 例,占比 70%;模糊性显身 27 例,占比 11%。具体数据如图 4-7 所示。

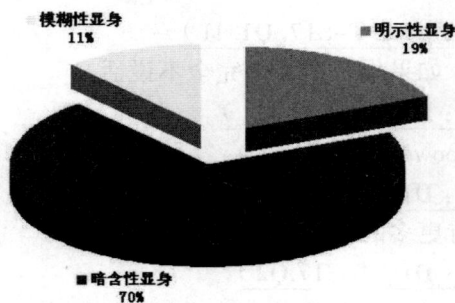

图 4-7　语言材料数据库显身案例分布情况

数据显示,三类显身案例中隐含性显身最多,占全部例子的三分之二。此结果可以解释为什么同传译员一直被视作隐身:原因之一是译员大量的显身是以暗含的方式进行的,不经过深入分析几乎无法察觉。其中最典型的例子是,人们期待译员的译语产出要比源语更有逻辑,不能像源语一样啰嗦,译员必须是"优秀的演讲家"。模糊性显身和明示性显身的比例虽然从表面上看来只相差 8 个百分点,但必须指出的是,明示性显身当中有很大一部分是由译员工作交替轮换产生的,如果将此视作一个整体,明示性显身的例子将少于模糊性显身,成为三类显身中最少的一种。从这一个角度说来,同传译员的角色显身只有很少一部分属于明示性。这吻合同传活动的性质,同传工作的客观条件(比如,讲者没有话轮交替,译员工作的时间压力大,等等)不允许译员多作明示性显身。

4.3.2 明示性显身数据分析

正如前文所言,同传译员明示性显身主要由译员工作交替所构成,占比第二位的是"麦克风提醒",也就是译员明确地提醒讲者使用麦克风。

语料显示,讲者没有使用麦克风的情况颇多,但是因为不同讲者互动的时候发言速度较快,言语零碎,还经常出现几个发言者同时发言的情况,译员往往还没有来得及译完前面一句话,后面一句没有使用麦克风的发言人已经讲完了,因此译员无法做到每次都提醒讲者使用麦克风,而只是在时间允许、发言者发言篇幅较长的情况下作出正式提醒。

　　明示性显身的译员更正只出现了一次,即译员在更正译语时明确地指出"译员更正",让听众明白这是译员(而不是讲者)在对自己的话语进行更正。在其他情况下,迫于时间压力,译员更正都是以非明示的方式出现的,即直接将正确的译法接在错误的译法之后,并对正确的译法在语气上进行加强,或者对不全面的译法作进一步补充和修正,这些做法都被视作隐含性显身(见图 4-8)。

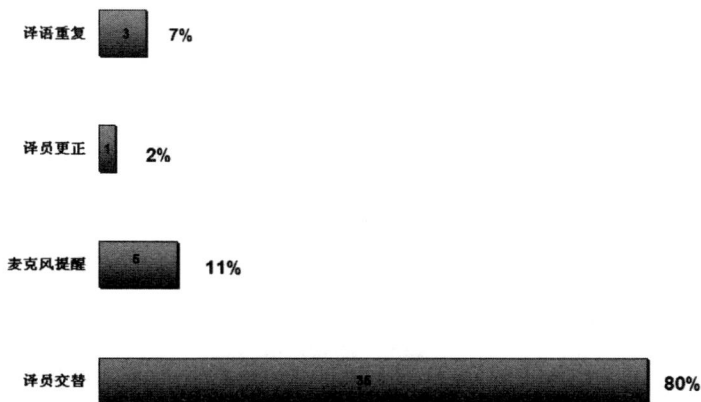

译语重复　　3　7%

译员更正　1　2%

麦克风提醒　6　11%

译员交替　36　80%

图 4-8　明示性显身语料数量

4.3.3 隐含性显身数据分析

　　隐含性显身数据如图 4-9 所示。
　　隐含性显身中比重最大的是无译语产出,占隐含性显身总例子的57%,其次是意译,占 17%,再次是语气修饰,占 12%。其中"无译语"的隐含性显身指的是译员没有翻译讲话人的某些话语片段,或者话语内容的某些部分,这部分可细分如图 4-10 所示。

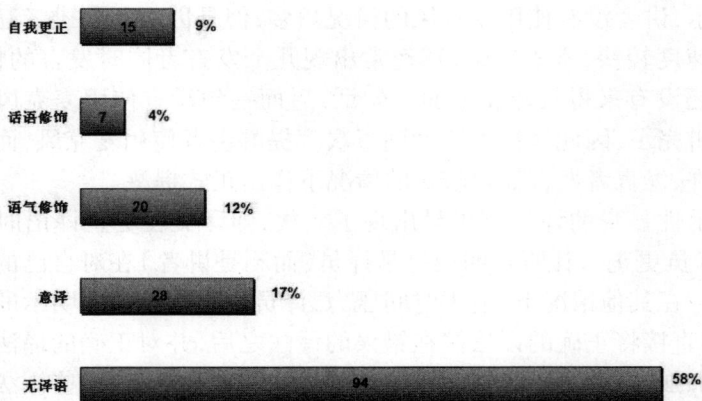

图 4-9　隐含性显身语料数量

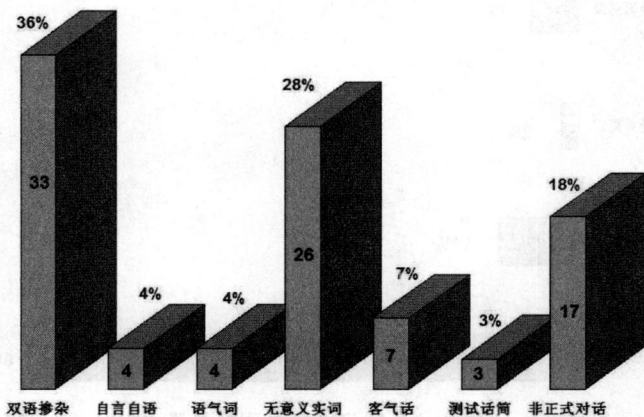

图 4-10　隐含性显身无译语类语料数量

　　本研究语料显示,同传译员并不是像人们想象的那样,讲者说什么就翻什么,同传译员并没有也不可能"什么都翻"。译员会因为情况的限制或者主动判断选择翻什么不翻什么。乍看起来,无译语的操作似乎犯了翻译界的"天下之大不韪",但深究起来,译员的操作大多具有合理性。本研究统计的无译语类型中,双语掺杂、无意义实词、客气话和测试话筒与译语信息的准确度和完整度没有关联,自言自语、语气词和非正式对话则因为话语内容的方向、主题或者是话语接受对象发生了某种程度上的变化,需要置于特定的语境中才能全面地反应出源语的真正意思,因而需要译员做额外的解释。但是,译员既没有时间也没有方法跳脱既有语境并作出进一步语境解释,因而选择了无译语产出的策略。

4.3.4 模糊性显身数据分析

前两种显身统计数据同时分布在 M 语料子库(独白式发言)和 Q 语料子库(互动式发言),只有模糊性显身数据完全来源于 Q 语料子库,共计 27 例,这是由模糊性显身的定义和性质所决定的。模糊性显身是指多个发言人讲话内容重叠或者在时间上快速交替,因此单语听众从译语中无法清晰地理清某个讲者所对应的讲话内容。

这一部分内容与译员隐含性显身无译语类别中的"非正式对话"都只发生在讲者在进行相互沟通交流的时候,但是"非正式对话"是指讲者在针对一个主题进行阐释的过程当中所插入的与发言内容主旨没有直接关系的话语内容,这种离题的内容是非正式且以只言片语的形式出现,与讲者对话交流的另一方往往没有使用麦克风,所以译员选择不译。但是译员模糊性显身时的对话双方是就某个讨论主题进行正式的沟通,只是因为语言速度、语言重叠性和产出内容信息量较大而导致译员连续性无停顿的译语产出,使得交替发言的讲话者形象变得模糊化。

4.4　同传译员角色显身性与角色行为之关系

本研究第 2 章定义了同传译员角色内涵并理出了研究框架。译员角色行为包含角色身份(角色权利、角色责任)和角色关系(角色立场、交际参与)两部分。译员角色行为与译员角色显身性是一组对立统一的关系,分别代表了译员角色的本质和现象。

首先,译员角色行为和角色显身性互为译员角色的表里,互相依存,相辅相成。角色行为决定角色显身,是角色显身的根本依据,反过来,角色行为总要由一定的角色显身所表现出来。角色显身由角色行为产生,并总是从不同侧面体现着行为,其存在和变化归根到底都从属于角色行为。任何显身都是行为的显身,任何行为也都是显身的行为。

其次,角色行为和显身性之间是有差别的,显身性显现的是译员角色的外在方面,是表面而多变的;角色行为是译员角色的内在方面,属于内部而相对稳定的。角色显身性可以被直接识别,角色行为需深入分析才能把握细节的方方面面。此外,不同的角色显身性可以隶属于同一个角色行为。

　　明示性显身中译员交替、麦克风提醒、译员更正等三个方面体现了同传译员的角色责任,是译员为同传工作的顺利进行而呈现的显身。此外,这三种明示性显身既是译员应做出的价值付出,也是译员接受同传工作任务所必需履行的可具体描述的职责。只有实现了这些价值付出,同传工作的顺利性和准确性才能够有保障。隐含性显身中的自我更正也属于译员责任的一部分,是译员为促进话语双方沟通顺畅所履行的职责。事实上在同传场合,这一点似乎是同传译员角色默认的责任。模糊性显身是译员译语产出快速跟上对话性话语内容时发生的,因而也是默认的译员责任。

　　角色权利是译员在同传活动关系中应该得到的价值主张,是译员正当的利益、建议、提倡、资格和自由。隐含性显身当中的"译员交替""麦克风提醒"和"无译语"是译员为了使译语的产出更具合理性和主题相关性而进行的主动选择,展现了译员正当合理的主张和自由,因而可视作译员角色权利的显身。"译员交替"是保证同传工作顺利进行的正当需要,"麦克风提醒"是译员为获得最基本的工作条件(收听到讲者的声音)的必要提倡。译员主动排除屏蔽与双方交际没有直接关系的内容,如果译出这些内容,势必会影响到译员职责的履行,因此"不译"是出于促进沟通正常进行的需要。"意译"也与译员的主张、资格和自由有关,是译员基于时间压力和特殊语境作出的译语产出策略主张。

　　译语重复是译员为了促进语际沟通交流,主动帮助讲者填补空白的一种操作,重复的译语信息更能吸引听众注意,促进听众作出恰当的反应。译员是站在偏向于讲者的立场,旨在帮助讲者,重复译语的效果是希望引起听众的信息反馈和话语反应,回应讲者所提出的问题或者建议。此时,译员显示了立场的偏向性。同理,译员为了缓和气氛,将过分严厉或者在某种语言中暗含某种会让人产生不快的语气或弦外之音进行修饰,降低对听众的负面情绪刺激。译员在做话语语气修饰的时候,为了帮助沟通的顺利进行而在立场上进行了选择。

　　明示性显身类别里的译语重复和隐含性显身类别中的语气修饰、话语修饰都旨在促进讲者和听众双方沟通交际的顺利进行,显示了译员主动参与双语交际的过程,落在译员角色交际参与的象限里。

　　综上所述,从研究语料的角度阐述本研究所定义的译员角色行为,译员显身性可综合成图 4–11。

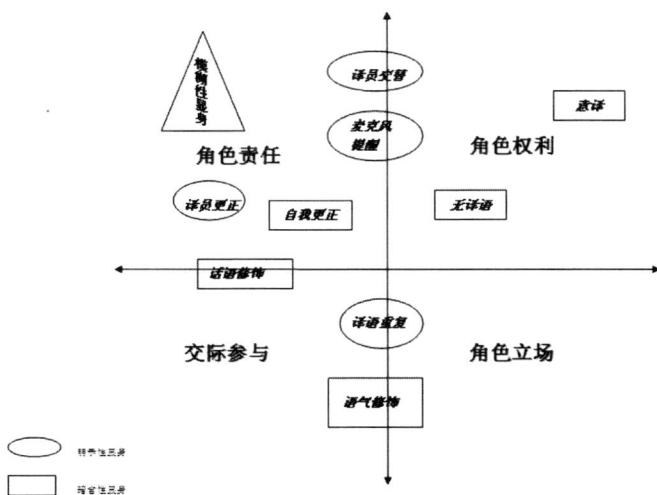

图 4-11　译员角色行为显身性

如图所示,在角色责任中话语修饰、角色权利中的意译、角色立场内的所有显身都同时体现了交际参与,可见交际参与是译员履行角色责任、行使角色权利、选择角色立场的最终指针,译员的角色身份与角色关系是息息相关的。

明示性显身和模糊性显身主要体现了译员角色行为中的责任,隐含性显身则同时包含了责任、权利、立场和交际参与。研究语料所体现的各类显身中的译员角色行为类别和数量如图 4-12 ~图 4-14 所示。

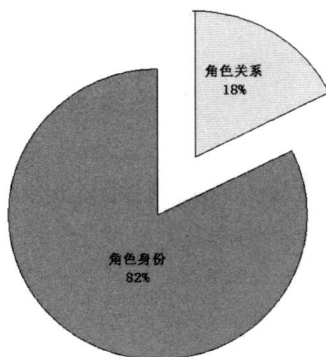

图 4-12　角色身份与角色关系语料数据总比

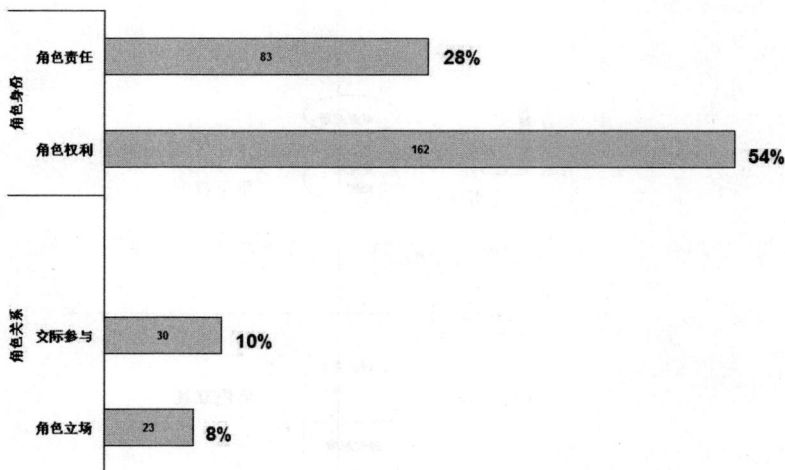

图 4-13　角色身份与角色关系语料数据细分

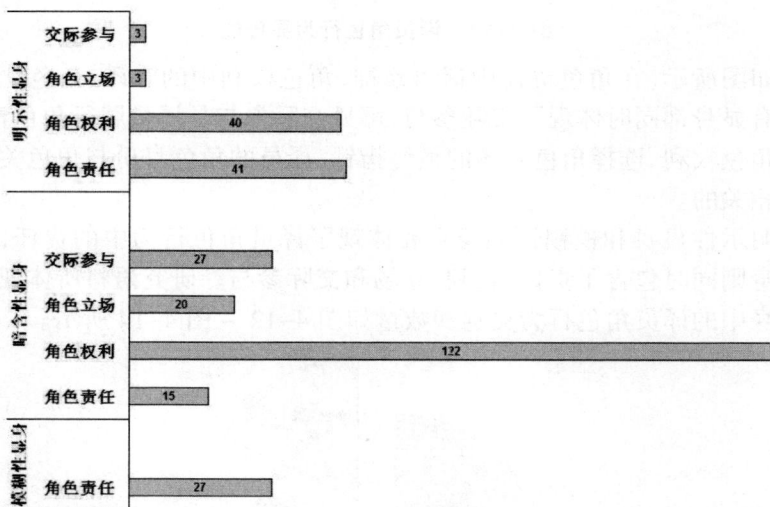

图 4-14　三类显身语料数据细分

　　语料数据统计可以说明以下几点问题：第一，译员角色身份（角色责任和角色权利）语料数据约为译员角色关系（角色立场和交际参与）的 4.5 倍，可见，相较于角色关系来说，译员角色身份的显身性更强。同传译员不直接现身于交际双方互动的场合，译员的角色关系彰显有限，也没有角色身份来得直观。第二，译员角色权利对应的语料案例最多，也是隐含性显身当中占比最多的一项，主要发生在"无译语"和"意译"两类中。无译语的案例较多，导致角色权利的案例占比超过 50%。第三，角色责任虽然在案例总数量上排第二,却是唯一同时出现在明示性、暗含性和模糊性三类显身当中的角色行为。角色责任虽然在数量上占比不如角色权利大,但是显身行为的种类却比角色权利更为丰富。

4.5　本章小结

本章首先阐述了同传译员角色显身的一个接收方和两个层面。一个接收方是听众,因为译语的接收方是唯一的,所以显身性的接收方具有唯一性,听众是本研究中译员显身性的参照坐标。笔者将源语听众(Value S)和目标语听众(Value T)所获得的话语信息和对讲者形象的感知作为一对比较值,认为 Value T 一直处于动态变化当中,向 Value S 无限靠近,影响这种无限靠近的因素之一就是译员在某个层面上的显身。

译员显身包括两个层面,在第一个层面上,译员展现出了自身形象,并可以被目标语听众识别,但没有直接影响 Value T 向 Value S 无限靠近;在第二个层面上,译员修饰了讲者形象,暗含了自身形象,展示了主观能动性,虽然无法为目标语听众识别,却能影响 Value T 向 Value S 无限靠近。前者属于明示性显身,后者则为隐含性显身。在笔者研究行进的过程当中还发现另外一类介乎于前两种显身之间的模糊性显身。三种显身的定义如下:明示性显身是指同传译员通过目标译语的产出,明确展现自身第三方形象并且能为单语听众所识别的显身。隐含性显身是指同传译员通过修饰讲者角色形象而隐含性地展示了自身形象,且无法为单语目标语听众所识别的显身。模糊性现显身介乎于上述两种显身之间,只发生在两个讲者对话的过程当中,单语听众在听译语的时候,无法判断到底是哪一个讲者说了哪些话语内容,听众无法明确判断译语归属和发言者形象。

研究认为,影响 Value T 的主要因素是源语(O)和译员显身性(V),O 可被视作常数,V 为变量,因此 Value T 表达为译语和译员显身性的一元函数关系:Value T = O (V_1, … V_n)。

研究语料中明示性显身、隐含性显身和模糊性显身的具体内容如图4-15 所示。

数据显示,三类显身案例中隐含性显身最多,占全部例子的三分之二,此结果可以从某种程度上解释为什么同传译员一直被视作隐身,原因之一就是译员大量的显身是以隐含的方式进行的,不经过深入分析几乎无法察觉。

图 4-15 显示译员显身的分类结构图。

译员显身分为：明示性显身、暗含性显身、模糊性显身。

明示性显身包括：译员交替、麦克风提醒、译员更正、译语重复。

暗含性显身包括：无译语、意译、语气修饰、话语修饰。其中无译语又包括：双语掺杂、自言自语、语气词、无意义实词、客气话、测试话筒、非正式对话。

模糊性显身包括：自我更正。

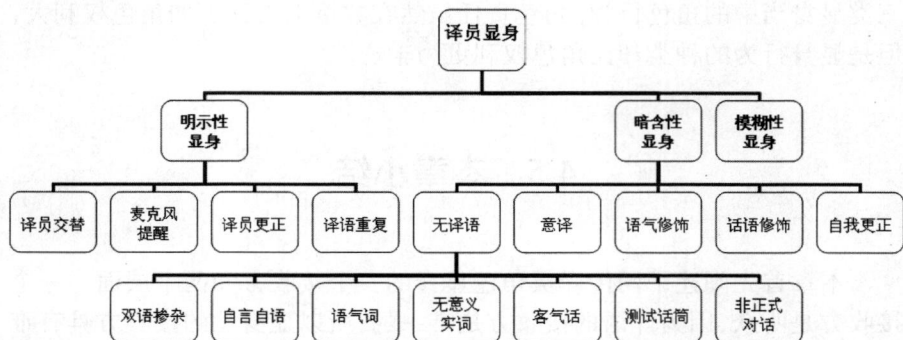

图 4-15　语料数据显身类别总图

　　明示性显身和模糊性显身主要显示了译员角色行为中的责任,隐含性显身则同时包含了责任、权利、立场和交际参与。译员角色权利的对应语料案例最多,同时角色权利也是隐含性显身当中占比最多的一项,这主要是因为无译语的案例较多。角色责任虽然在案例数量上排名第二,却是唯一同时出现在明示性、暗含性和模糊性三类显身中的角色行为,其中明示性显身和模糊性显身中只有角色责任的案例。此外,译员角色身份案例数量远高出译员角色关系案例,因此,本语料库中的语料案例显示,相较于译员角色关系来说,译员角色身份的显身性更强。

第5章 语料研究结果比照

5.1 问卷、访谈与语料研究结果之比照

正如第 3 章提到的那样,笔者将对语料分析研究所得出的结果与问卷调查、访谈所得数据进行交叉比照,充分利用"三角测量"的优势,旨在提高本研究分析结果的可信度。

5.1.1 问卷调查

5.1.1.1 问卷设计与问卷发放

任 文(2009:236)指出:"问卷调查是社会调查研究(survey research)中的重要方法,即研究者就某一议题设计出若干个开放式问题(open-ended questions)和封闭式问题(closed-ended questions),向受访者提问并以此作为收集信息资料的方式,并在对回收的问卷答案进行统计分析的基础上就议题展开描述性、解释性和探索性的研究。"

笔者设计了一份针对同传译员的调查问卷,考察译员在同传工作过程中译语产出策略和操作方式。问卷包括两部分。第一部分为 29 个问题,其中 28 个为选择题(封闭式与开放式结合),最后一题为开放式问题,译员可选择补充说明自己如何看待"同传译员角色"。选择题依照本文第 4 章的研究内容逻辑进行编排,旨在有针对性地对第 4 章论证的内容进行交叉比照。调查问卷选择题部分并没有完全使用封闭式选项,答题者不仅可以选择给定选项,还可以在最后一项"其他"中填写意见。在设计选择题的过程中,笔者一直有一种疑惑:同传工作情形千变万化,没有哪两场会议完全一样,译员遇到的问题和应对方法也都不尽相同,整齐划一的选择题是否真能站得住脚? 所以,考虑到问卷调查的可操作性,笔者在选

择题的最后一个选项中设计了开放性的问题(即"其他"选项),让受访者在填写自己的意见。问卷的第二部分提供的是译员的个人信息,包括性别、年龄、教育水平、工作性质、同传工作经验、工作语种等若干方面。

问卷题目与本研究关注点对应如下(问卷内容详见附录C):

表 5-1　问题主题和问卷的对应题号

主题	问卷对应题号	题目总数
(1)明示性显身	1,2,3	3
(2)隐含性显身	2,4,5,6,7,8,9,10,11,12,13,14,15	13
(3)模糊性显身	16	1
(4)译员对讲者的形象修饰	17,18	2
(5)同传译员的责任	19,20	2
(6)同传译员的权利	21,22,23	3
(7)同传译员的立场	24	1
(8)同传译员的交际参与	25,26	2
(9)同传译员隐身性	27,28	2

主题(1)(2)(3)针对前文论述的译员三种显身类型,关注的是译员"展示自身形象"的情形,考察译员的工作操作;主题(4)涉及的是"修饰讲者形象"的问题;主题(5)(6)(7)(8)与同传译员角色身份和角色关系相关,旨在了解译员对自身角色行为的看法;主题(9)反观译员对同传译员角色的看法,旨在考查译员对"显身性"和"隐身性"的个人意见,以此交叉比照译员对前面的问题所做出的选择。

问卷发放对象有两类,第一类是本研究语料会议中的同传译员,第二类是其他同传译员。让本研究语料会议的同传译员回答问卷能够考察以下情况的正伪:语料分析显示出来的结果,是属于同传译员的下意识操作?是否具有一定的既定模式?是否译员秉持的一贯性做法?是否译员出于一时无法解释的原因而进行的操作?其他同传译员回答问卷则可以从更宏观的层面考察不同语言组合的同传译员的实践。

问卷基本上采用电子邮件方式发放,大部分受访者是笔者认识的口译同事,笔者直接用电邮寄出问卷并得到了同事们及时快速的回复;另外一部分问卷由笔者拜托同事或者翻译公司转发出去,回收速度缓慢,回收率不高。问卷回收比预想中困难很多,笔者总结出以下的原因,可作为今后研究可汲取的经验教训。

第一,问卷设计完成的时间是在本文前四章撰写完成之后,因为在文章清晰脉络以及研究语料分析具体结果出现之前,无法最后确定问卷内容。此外,问卷调查属于一次性操作,对问卷内容的修改必须在问卷发放之前,这些因素都决定了笔者不可能太快完成问卷设计。

第二,完成问卷设计的时间紧迫也导致问卷发放及回收的等待时间相对紧迫。从发放到回收一共耗时两个半月时间,96% 的问卷在发放后两周内就得到了回收,其他问卷在发放之后两个月左右得到回收。笔者直接发放问卷的回收率高达 100%,但是经由其他途径转发的问卷回收率只有 10%。这里面有很多原因,比如,针对国际会议同传行业而言,9 月至 11 月是会议旺季,自由职业译员(特别是资深译员)都有着十分满档的会议排期,因此在回答问卷的时间分配上可能会有困难。根据受访译员反馈,问卷中部分问题回答起来不太容易,需要花费时间来进行思考,这又会让有的译员"望而却步"。

此外,前文提到,在问题设置上,选择题部分的最后一个选项是"其他",也就是说,如果前面的选项不足以回答该问题,就需要受访者写出答案。如前文所述,这是笔者特别设计了封闭式和开放式结合的问题形式。译员在同传口译场合中的操作,很多情况下都不存在绝对的策略,大部分的策略操作是基于译员所接收过的口译培训(如果有的话)和会场经验积累。译员一般会在多次反复中将感性认识上升到理性认识,形成相对固定的翻译策略。针对问卷设计而言,任何一个问题都可能出现"视具体情况而定"的情况,如果受访者认为某一选项符合自己的一贯操作方法,就会选择该选项,如果受访者迟疑而觉得应有更妥当或者更常见的操作方法,则可以做出额外说明。笔者认为,这些说明具有非常重要的价值,可以澄清哪些具体问题、具体因素会影响译员的实际操作。

5.1.1.2 受访者情况介绍

回收问卷的总量(有效回收问卷总共 77 份)不算太多,男女比例约为 1 : 3;从年龄上来看,大部分受访译员的年龄层集中在"29 岁至 39 岁"这一区间。具体情况如图 5–1、图 5–2 所示。

值得一提的是,虽然本研究的回收问卷从数量上来说并不算多,但是受访译员的资历优秀,语种类别多元化,从事同传工作时间较长,可以从以下几个方面展现出来。

第一,受访译员的教育水平较高,口译教育培训背景良好。约 2/3 译员具有硕士学历,拥有博士学位人数与大学本科人数十分接近。其中,只有 17% 的受访者没有口译培训背景,其他 83% 的受访者都接受过口译培训，而这一部分人当中更有高达 74% 的人的学历学位与口译专业相关（图 5-3、图 5-4）。

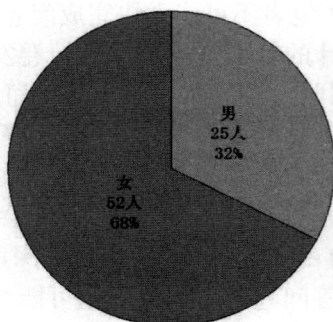

图 5-1　问卷受访人数和性别分布

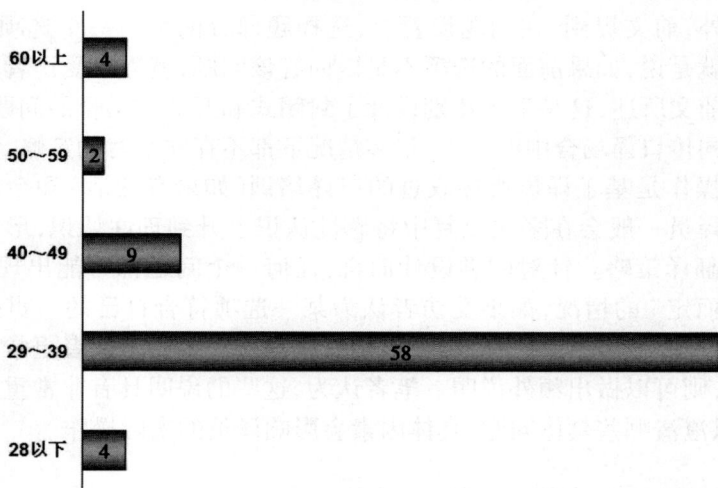

图 5-2　问卷受访译员年龄层分布

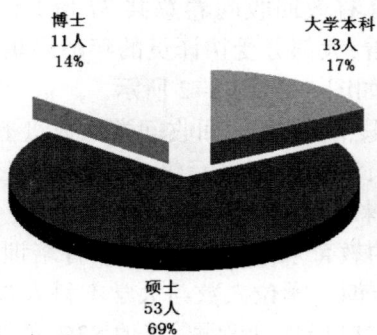

图 5-3　问卷受访译员教育背景

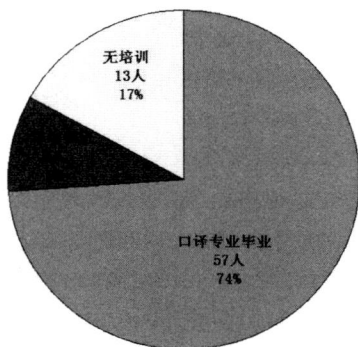

图 5-4　问卷受访译员口译培训背景

第二,受访译员的同传工作年限较长,其中 51% 的译员同传工作年限在 6 至 10 年之间,29% 的译员工作年限超过 11 年,最资深的译员(占比 8%)的同传工作时间在 26 年以上。较长的工作年限显示出译员的资深性,提高了调查结果的说服力(图 5-5)。

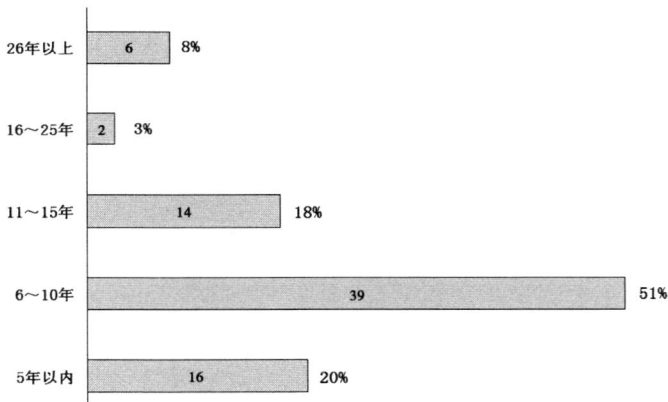

图 5-5　问卷受访译员同传工作年限

第三,受访译员的工作性质和同传工作频率同样颇具代表性。约 3/5 的受访者为教师兼自由译者,大多具有超过 11 年同传工作经验,这部分受访者大多为笔者熟识的各种语种的同传同事,笔者对他们的同传水平和业界经验都非常了解。教师兼自由译者是口译界很常见的职业组合,在中国大陆地区,很多成熟的自由译者同时也是高校教师,有丰富的口译授课经验和实战经验,两种职业相得益彰。包括教师在内的自由译者占受访总人数的 95%,笔者认为,考虑到机构译者和自由译者所参加的会议性质和会议要求上的差别,自由译者占大多数的统计结果更有代表性。此外,87% 的受访译员同传与交传工作比率在 1∶1 以上,更有高达 56%

的译员的同传交传比在 3∶1 以上,提升了答题的权威性和可信度(图 5-6、表 5-2)。

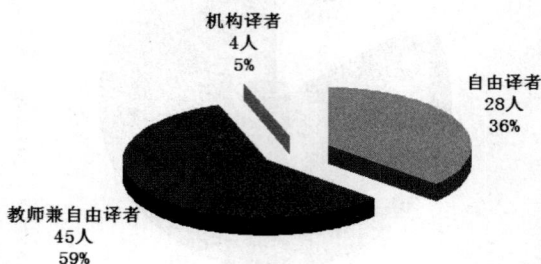

图 5-6 问卷受访译员工作性质

表 5-2 问卷受访译员同传交传工作比

同传与交传 工作比率	人数
全部同传	1
5∶1	18
4∶1	12
3∶1	12
2∶1	16
1∶1	8
1∶2	4
1∶3	2
1∶4	2
1∶5	2

第四,受访译员包括来自九个翻译行业组织的成员,其中有 AIIC 会员 6 名,澳大利亚国家翻译局译员 1 名,中国翻译协会 4 名,权威性行业组织的会员身份表明了这部分受访译员的资质已经获得了口译业界的肯定(表 5-3)。

表 5-3 问卷受访译员行业组织参与情况[①]

行业组织名称	人数
中国翻译协会	4

---

① 有的译员兼具几个行业组织的会员身份,在此不一一列出。

续表

行业组织名称	人数
广州外事翻译协会	2
广州市翻译协会	4
AIIC	6
FIT	2
美国全国法律口笔译协会	1
澳大利亚国家翻译局	1
澳大利亚翻译协会	1
夏威夷翻译协会	1

　　第五，从语种上来说，有 47% 的受访译员的同传工作语言是中英文，其余受访译员均以其他语言搭配为同传工作语言，由此获得的数据能够显示不同语言组合的同传译员的工作情况。通过对不同语言组合的调查还可以考证研究语料（语言组合为"中英"）所产生出来的数据分析结果是否也适用于其他语言组合（表 5-4）。

表 5-4　问卷受访译员同传工作语言组合 [①]

同传工作语言（母语／外语）	人数
中文／英文	36
中文／西班牙文	2
中文／越南文	2
中文／日文	4
中文／法文	6
中文／韩文	3
中文／中文粤语／英文	8
中文／英文／日文	1
中文／英文／法文	1
英文／中文	1
日文／英文	2

---

① 以"中文／英文／法文"为同传工作语言的资深译员的三种工作语言同时为母语，以"日文／英文"为同传工作语言的两位日籍译员也是双母语译员。

同传工作语言 （母语/外语）	人数
英文/日文	1
西班牙文/英文	1
英文/西班牙文	2
韩文/英文	4
法文/英文	1
德文/英文	2

第六，从地域分布上来说，中英职业同传主要来自于中国大陆（北京、上海、广州、深圳、成都、厦门、武汉）、香港特别行政区和台湾地区，其他语言组合的职业译员则分别来自于美国、西班牙、日本、法国、德国。

综上所述，虽然本研究的问卷回收总量有限，但是受访译员的资质颇高，代表性较强，因此获得的数据具有较高可信度和说服力。

5.1.1.3 调查问卷结果分析

受访译员的具体回答如附录 B 所示，问卷结果基本与本研究语料显示的结果相一致。

值得一提的是，受访译员作答问卷的情况符合笔者设计问卷时预见，那就是每一次会议同传工作都是与众不同的，对同一种现场情况不存在普适的做法，因此在回答问卷时，不少译员选择了"其他"选项，并对某些具体情形作出解释，并经常以"视情况而定"作为最终答案。

具体来说，绝大多数受访译员会进行"麦克风提醒"，也有译员表示会用打手势的方法，或者要求同传搭档出去找工作人员提醒讲者使用麦克风。

译员对明示性"译员更正"的选择率不高，大部分受访译员会"直接将更正内容接在需要更正的译语之后"，也就是落在本研究讨论的译员隐含性显身"自我更正"类别，这一结果与语料研究结果完全一致。但是，有受访译员指出，是否作明示性显身要取决于这个错误是否重大：如果是小错误，就直接把正确的内容接在错误的译语产出之后（隐含性显身）；如果是大错误，则会提示听众，是译员翻译出现了错误而不是讲者讲错了（明示性显身）。值得一提的是，在更正译语的时候，机构译员的做法与自由译员颇为不同。大多数机构译员表示，在对自己的译语产出做更正的时候,会明确表示犯错的责任方。有的机构译员会说"对不起,刚才译员理解有误,正确的意思应该是……",以此来显示译员翻译错误。笔者通过与机构译员的访谈了解到其中原因。首先,机构译员对于沟通的双方都比较熟悉,沟通双方也了解机构译员的同传工作方式。其次,沟通的主题常常是日常性工作事务,对于内容的准确性要求较高,因此沟通双方允许机构译员对某些翻译不到位或者理解有误的地方做出澄清或改正。机构译员因为获得了沟通双方充分的理解,所以可以停下来做解释。一些日资企业的机构译员甚至表示,有的时候可以要求讲者暂停,对讲者说:"对不起,刚才没跟上,翻译错了,请从……地方重新开始"。笔者认为,这种操作方式是机构译员所特有的,自由译员在会议市场上的同传工作基本上不可能用这样的操作方式。相对于自由译员,机构译员的显身性更强,参与交际的程度更高。由此可见,沟通双方对于同传译员的工作理解和工作要求会直接影响译员的工作方式。

在应对"讲者双语掺杂"的情况时,受访译员持不同的意见。受访译员指出,讲者双语掺杂的程度会影响译出语言选择。如果双语掺杂程度不高,只出现在词汇层面或者句子片段,译员则会至始至终以同一种目标语做译语产出,如果两种语言各自以大段大段的数量出现,则会调整译出语频道,分别以两种目标语做翻译。

针对"无译语操作"这一项目,问卷结果与本研究语料显示的情况稍显不同。大部分译员选择不翻译讲者的自言自语,但是也有译员指出,不翻译内容,但是会提醒听众,讲者在做什么。当"讲者发出感叹词"时,大部分译员选择"翻译感叹词",有的译员更指出,在某些语言(如越南语、西班牙语)当中,感叹词具有更加实际意义——这与英文的情况有很大不同。还有的译员认为"必须视情况而定,得确认这些词语是确实表达了感情,而不是一些没有意义的口头禅"。当遇到"客气话"时,六成受访译员选择"直接翻译",但其中原因各异:有的是因为"简单重复或者直接翻译这些没有意义的词,希望可以借此争取思考及组织目标语言的时间",也有的认为"这些词没有意义,但是有语用功能"。当讲者与其他人进行与发言无关的旁侧对话时,五成受访译员选择不翻译,四成受访译员会"向听众说明该对话与讲者发言无关",按照本研究拟定的定义,后者又一次彰显了译员的明示性显身,但笔者并没有在本研究语料中发现这一显身——译员以向听众做旁侧解释的方式所作出的明示性显身。

受访译员对于如何翻译"表面意义"和"言外之意"的回答也颇值得深究。48%的受访译员会"既翻译表面意义,又翻译言外之意"。还有很多译员指出,如果时间和精力允许,而译员又对"言外之意"的准确性颇有把握,则会"两者都翻"。但是也有译员认为,判断表面意义和言外之意的标准有很多,译员一般没有时间两者兼顾。

对于不同讲者进行对话而不做停顿的时候,25% 的受访译员指出会以不同的方式指出话语的归属,比如用人名、头衔或者"问题是……回答是……"的方法,而这也可以落在本研究所指出的明示性显身的范畴之内,也就是说,在时间允许的情况下,译员有可能将模糊性显身转化成明示性显身。

受访译员还表示会选择不译以下类型的话语内容:未传入同传译员耳机的视频内容,侮辱性语言,政治/宗教敏感性语言,持续重复啰嗦的话语内容,讲者在思考或选择词语时不完整的只字片语,等等。这再次证明:译员并不是听到什么翻译什么,而是会选择不翻译某些特定的话语内容。

从以上的答题可以看出,针对同传译员的明示性显身而言,除了本研究语料显示的内容以外,还存在其他的情况:译员向听众解释讲者的行为;在两位讲者交谈的时候,显示译出语的话语归属。此外,同传工作时间的紧迫性使译员必须对译语产出做出取舍,因此,"时间"会够直接影响译员的显身类别:在时间允许的情况下,个别隐含性显身和模糊性显身可以转化为明示性显身。

最后,在回答"译员隐身"这个问题的时候,过半受访者认为译员不可以做到"隐身",有的认为"听众很可能感觉不到译员的存在,但是隐身并不意味着译员是机械的"。但是,有六成译员认为同传译员应该尽量做到隐身,部分译员还特别指出"虽然做不到,但是应该做到"。由此可见,受访者在"同传译员隐身"这个问题上仍然存在一定意见分歧,大多数的观点都集中在"译员应该是隐身的,但是译员很难做到"这一个观点之上。

部分受访译员还阐述了对同传译员角色的看法:

(1)同传译员是讲者的听众,听众的讲者。

(2)同传译员要及时、准确、尽量全面地反应出讲者的讲话内容。

(3)同传译员应该是交际中的一环,因此讲者与听众应该尊重译员,而不是把译员当成传声筒。译员一些合理的要求(如 briefing,会议有关资料准备,设备质量等)应该得以满足。

(4)雇主希望同传员隐身或者像一个工具那样工作。但语言很难做到完全一致,而且译员是人不是工具,所以无论译员自身是否有意愿参与或者影响交际过程,实际上是都会参与或者影响交际。

(5)同传译员应该是一个积极的文化中介者。

(6)同传译员是沟通的桥梁。

（7）同传议员的角色应当是一座桥梁，能够利用自己熟练掌握的几门语言，在做到尊重双方发言人的观点／语气／立场的前提下，积极高效地促成双方的无障碍沟通。

（8）好的同传议员大家是感觉不到他／她的存在的，就像直接对话般。

（9）同传译员应当本着促进交际双方有效沟通的目的进行翻译。沟通中有很多变量和不确定因素，也就意味着译员需要有很强的应变能力。个人认为"中立、低调、公平"是很重要的三点。（这里指的"公平"是指尽可能对交际双方公平，忠实于双方所表达的内容，满足双方的交际需要。）

（10）同传译员帮助发言人传达信息，并让听众理解。

（11）同传译员是会议双语交际中不可或缺的一个沟通渠道，并非隐身，能够促进双方更好地相互理解。

（12）根据交际场合和具体情境，同传译员的角色是多样的。

（13）同传译员是重要的沟通媒介。

（14）同传译员应该尽可能隐身，译文应该尽量精确地反映出讲者的话语内容，语气，立场，情感。

（15）同传译员是沟通的桥梁。

（16）同传译员的存在不是隐身的，可以通过口译的语气及表达内容的调整来协调话者与听者之间的关系。

（17）同传译员的理想状态是能做到隐身，但通常难以实现。各种客观因素让译员显身并促进沟通。

（18）同传译员以较为高效的方式，协助沟通。

（19）配角，传声筒，应没有自我，准确传达讲话人的意愿、信息和语气。

（20）同传译员是译语信息加工者，跨语言跨文化交际的媒介，交际效果的调控者。

（21）同传译员是语言服务业提供者，属于专业工作，但不能强抢服务对象光彩，因此只能被动客观提供正确翻译，而不可主观判定所翻内容，重新修改译语产出。客户如果主动问讯，译员才能提供专业意见，但不可左右服务对象的决策，从而获取更多个人利益。

（22）同传译员是 Coordinator，帮助双方更好地理解和沟通。

（23）同传译员在简单的话题情况下是翻译，在某些场景中有协调、引导的作用或责任。

（24）同传译员是"麦克风"，是交流的辅助者。

（25）同传译员是辅助交际者。

（26）同传译员帮助实现高效沟通。

（27）同传译员是交流的桥梁，促进交流同时不扭曲原意。

（28）同传译员是会议当中交流不可或缺的一个部分，以公平客观的态度协助会议的交流。

（29）同传译员是国际会议及相关场合的重要沟通桥梁。

（30）同传译员的个人特点应该是尽量弱化的，但译员的共同作用或角色是为双方所能感受到的，是一种职业化的"在场"。也就是说，在出现需要译员调节或修饰的情况下，大部分的职业译员会倾向选择类似的策略。

（31）在国际会议中，同传译员尽管没什么地位，但角色重要，甚至可以说是决定会议是否成功的关键一环。

（32）同传译员帮助信息传递，起到交际辅助的作用。

（33）Helping to bridge communication gaps and sometimes cultural gaps as well（though the latter happens more in consec and less in simul）.

（34）Provide as good an interpretation as possible for good communication in the fullest sense of the word（form as well as substance）, and to be as unobtrusive as possible in the process.

（35）In a conference setting, which is where simultaneous normally takes place, our role is reduced to the basic definition of interpretation: providing oral translation between two parties.

从受访译员的描述可以看出，职业同传译员对自己工作角色的看法和认知。

第一，很多译员仍将自己视作一种"工具"，认为同传是桥梁，是沟通的渠道，或者是文化中介、调解人，而这主要体现在需要译员参与交际互动的情况之下，也就是说，其实受访译员已经意识到，同传译员在工作场合实际上参与了交际互动，但"工具论"似乎仍然是他们的主要认知。

第二，译员的回答（包括之前对选择题的回答）涉及到本研究框架中译员角色行为的方方面面，包括角色权利、角色责任、角色立场和交际参与。也就是说，受访译员在考虑同传译员角色的时候，分别从角色身份与角色关系的角度来思考。这与本书的研究框架是契合的，说明本研究中译员角色内涵中的各项因素是符合译员工作的实际情况的。职业译员强调得最多的是译员的角色责任、角色立场和交际参与，较少提及角色权利，这与研究语料显示的结果基本一致。在研究语料中，虽然角色责任的案例数量排在第二位，却是唯一同时出现在明示性、暗含性和模糊性显色的角色行为，也就是说，角色责任是显身性最强的角色行为，因此也更能为译员所察觉。研究显示出的交际参与和角色权利内容是需要深入分析才能发现的,受访译员似乎并没有意识到这两方面的内容。

第三,职业同传译员会从雇主的角度反观自身的角色,认为客户希望译员成为"工具"(尽管译员可能无法做到),译员作为服务提供者,应以客户的需求为前提,因此译员是无自我、无地位的配角,是在被动地工作。这说明译员对自身角色的定位与服务对象的期待值相关,而后者直指前文所定义的同传译员角色概念的外延部分,也就是角色期待。客户对于译员的角色期待决定了译员的行为规范和行为模式,这样的角色期待反过来又会直接影响译员角色内涵即角色行为。因此,有必要针对角色期待做进一步的研究,考察角色期待与角色行为之间存在怎样的关系。

第四,同传译员的隐身性仍然为职业译员所推崇。大部分受访译员相信,同传译员工作的理想状态就是隐身,让人感觉不到存在。值得一提的是,这种隐身主要是集中在"沟通效果"的层面上。受访译员认为,译员隐身是为了产生让沟通双方无缝沟通的效果,而不单单是针对于译员的权利或责任而言的。但是,部分受访译员明确指出,译员无法成为单纯的工具,"传声筒"和"隐身性"都不可能发生在译员身上。可见译员身上也存在矛盾的观点:尽管明知自己不可能做到隐身,却仍然要求自己努力成为隐身者。笔者认为这是一个很有意思的研究课题,可以在今后的同传译员角色研究中加以关注。

5.1.2 译员访谈

从问卷答题上来看,两位研究语料会议同传译员的回答非常相似,与语料显示出来的工作操作高度一致,这表明两位译员在实践和自身产出策略上具有很强的依从对应性。译员 2 的回答与笔者的预期及前文的研究结论基本一致,而译员 1 的有些回答则让笔者觉得可以深究,于是笔者与译员 1 进行了一次深入访谈。

在讲者出现明显错误的时候,译员 1 不会对错误进行主动更正,他的理由是"讲者可能稍后会意识到错误,然后纠错。如果他没有自己纠错,译员再找机会补充。但如果他自己纠错了,译员却已经帮他改正了,那就要加一番解释才行,这样的操作从同传工作的时间上来说是不允许的"。这从一个侧面说明,译员 1 非常遵从讲者的话语内容。当笔者问道,"如果对讲者的明显错误不进行纠正,为什么还要帮助讲者做语言修饰"时,译员 1 这样回答:"译员有责任为不善发言的讲者进行语言修饰,因为译员要追求的是讲者的'信息原意',而不是模仿他的口才,但是这么做的一个大前提是译员能够理解讲者的意思,否则也没有办法修饰。在理解的前提上,帮助听众接收他的信息。"笔者进一步问到:"为什么一般人都认为,讲者可以讲得不好,但是译员不能翻得不好。如果讲者讲得不好,如何避免译员出现跟着讲者一样讲不好的情况发生?"译员 1 认为:"这就是一个问题了。虽然讲者不善发言,但译员只要能听懂,就应该尽量有效地传达他的意思。两种情况:讲者言之无物,那么肯定是 garbage in,garbage out。如果只是表达不流畅,那就把关键信息传达出来。"有意思的是,当问及"译员是否可以做到隐身"和"译员是否应该隐身"的时候,译员 1 的回答皆为"是",而译员 2 的回答皆为"否"。译员 1 在前面题目的作答基本上都指向了"译员不可能隐身"的事实,却仍然认为译员应该做到隐身。译员 1 是这样回应这个问题的:"我知道这有点矛盾。我的观点是,译员做的很多努力都是建立在一种'代入感',为了最真实地反映原话的效果,译员必须调整演讲者的内容来适应不同语言的习惯,最终效果是听众获得演讲者的感受,就好像他在用自己的母语在交流。因为听众在听传译的同时,眼睛一直看着讲者,最理想的效果就是他忘记了传译,实现无缝交流。在这个过程中,译员需要思考讲者的原意,以及听众所接收的内容,主动调整来弱化语言转换的影响。"

在与译员 1 的访谈中笔者发现,译员 1 对于同传译员的"隐身"非常推崇,尽管他也承认做起来非常困难。译员 1 强调的隐身更多是针对听众与讲者的沟通效果而言(这一点与其他职业译员的看法一致),而达到良好的沟通效果却也无可避免地会修饰讲者的形象,但译员 1 认为这并不影响译员的"隐身"。译员 1 略带矛盾的回答让笔者进一步认识到,即便是资深职业译员,对同传译员角色的看法也存在许多说不清道不明的地方,因此对同传译员角色做深入研究是十分必要的。

5.2　行业规范与语料研究结果之比照

第一届国际社区口译大会由 Critical Link 于 1995 年举办,很多与会者指出,专业译员的道德规范(codes of ethics)都阐明了"译员必须保持中立"的要求,但其实与译员的实际工作情况并不相符。

Hale 指出,早期研究译员角色和译员应该做什么的文献大多基于个人意见,没有进行实证研究(empirical research)。为了改变这种情况,描述型话语分析研究展示了社区译员工作中的实际表现,这类研究显示,很多译员的工作都与译员的道德规范所述非常不一致(Hale,2006：126)。Roy 认为,人们对现实工作中译员角色的看法存在冲突,这对口译业界产生了直接的影响。一方面,行业职业道德规范规定译员必须是中立、不偏不倚,但是另一方面,译员自身已经意识到,自己的工作并不是单纯的语言转换,在实际工作中译员往往必须做得更多(Roy,2002：351；Mason,1999：22)。Mäntynen(2003：44 ~ 45,54)指出,译员道德规范有非常严格的指导条文,但是从业译员在平时工作中不得不违反这些条文的规定,这反映出相关的道德规范是站不住脚的。Wadensjö(2002：120)讨论了专业意识形态(professional ideology)和专业实践(professional practice)的不同：专业意识形态指出译员应该保持中立,不偏不倚,但是专业实践却承认这是不可能的。

　　笔者整理了《口译工作者协会职业伦理准则》《澳大利亚口笔译职业协会伦理准则》《加拿大翻译工作者协会伦理准则》《英国公共服务译员行为准则》以及《联合国大会代表会议手册》中涉及口译服务以及译员角色行为的内容,详见附录 A。其中口译工作者协会(AIIC)的章程明确指出,译员应获得良好的声音条件,可视性条件和舒适的工作环境；澳大利亚口笔译职业协会(AUSIT)提出译员应向客户解释自己所扮演的角色；英国公共服务译员组织(NRPSI)则说明译员在某些情况下可以做出干预(intervene),比如提出澄清,指出某一方也许没有完全明白某件事情,提请参与方注意文化差异,等等。值得一提的是,大部分行为守则内容都直指译员的责任,内容细则更适用于交替传译的场合,并没有相关说明澄清在同声传译的情况下译员应该如何操作。

　　笔者将附录 A 中与本研究同传译员角色行为相关的部分进行了整合分类,详见表 5-5(笔者译)。

表 5-5　口译行业规范角色行为内容统计

关注点	组织	内容	角色行为
声音	AIIC	译员应该保证获得良好的声音条件	权利 / 责任
	AUSIT	译员应该保证在场各方能清晰听到译语	责任
	UN	为确保发言录音和口译尽可能做到最好,请各位代表发言时对准话筒并保证发言的清晰性	权利
准确性	AUSIT	译员必须准确完整地翻译会议参与方的所有话语,包括不敬、粗俗的话语内容、非言语信息,以及所有译员知道不正确的内容 译员不得作任何改变、添加或者省略；译员必须承认并马上更正口译错误	责任

关注点	组织	内容	角色行为
	AVLIC	所有口译内容都必须忠实地反映源语的全部信息；忠实翻译必须与字对字翻译区别开来；忠实翻译包括了为了将源语的形式、语气和深层意思在目标语言和文化当中表达出来而做出适当的适应调整	责任
	NRPSI	口译内容必须正确忠实、不得添加、删减、改变源语内容，除非交际双方要求或同意译员做出概述翻译	责任
	UN	在代表团希望逐字宣读发言译稿的情况下，如果发言者的讲话与讲稿有任何出入，口译将不可能反映增删部分的内容	权利
		如果代表团认为发言者的讲话可能与讲稿有出入，应该选择"以实际发言为准"，口译员会以发言者的讲话内容为准，而非译稿；代表团应该知道，在这种情况下，听众听到的口译内容不一定与发言前或发言期间分发给听众和新闻界的译稿内容一样	权利
中立性	AVLIC	译员不应该做咨询提建议或者持有个人意见	交际参与
	NRPSI	译员应该保持中立、公正、客观	立场
		译员应该保持公正、专业	立场

从中可讨论以下要点。

第一，行业守则规定涵盖了本研究译员角色行为的内容。但是，大多数内容直指译员的角色责任，只有 UN 突出强调了译员角色权利；关于译员的立场和交际参与的内容不多。从行文上来说，也只有 UN 从"要求与会者怎么做"的侧面来展现译员权利，其他的组织都是从"要求译员怎么做"的角度来阐明译员应该遵守的行为准则。

第二，从"声音"这一着眼点来看，AIIC 提出声音条件的工作保障包含了译员的权利和责任，从表面上来看，这一内容似乎只与译员的责任有关，但深入分析可知，既然声音是译员工作的最基本条件，获得良好的声音是为了保障工作的顺利展开，也应视作译员的权利。在本研究语料中，同传译员在讲者没有使用麦克风、无法听辨源语的情况下，会发出"使用麦克风的提醒"，正是为了保证获得良好的声音条件，因此译员的做法与 AIIC 的要求是一致的。AUSIT 对于"声音"的规定是从译员责任为出发点的，其表述要求译员做到两点：译语要让在场各方听到，声音必须清晰。这是对译员工作提出的要求,但是似乎更加适用于交替传译的场合。对于同传译员而言,要保障声音的清晰传递,一是靠自身的声音条件,二是要会使用同传设备。译员的声音条件是天生的,专业译员的声音清晰度一般都比较达标,而使用同传设备的能力则是基本的同传技能之一。在本语料研究中,设备商提供的同传设备运行良好,在客观技术上保障了译员的声音产出能清晰地传递到听众的耳机当中,同传译员对同传设备的使用非常熟悉,在主观操作上也保障了声音清晰传递。笔者认为,UN要求讲者对准话筒清晰发言,明确说明发言使用麦克风、话语清晰是译员翻译工作做得尽可能好的前提条件之一,这显示了对译员权利的保障。

第三,不同组织对于译员"准确性"有不同的要求。

AUSIT、AVLIC、NRPSI 都提出"忠实"的原则。AUSIT 和 NRPSI 指出译员不得对源语内容做删减省略等改变,AUSIT 则要求译员必须"承认并马上更正口译错误",这与本研究的语料案例相吻合。但是从本研究语料中发现,译员"承认错误"这一点只出现在明示性显身,大多数的错误都是被更正了却没有公开承认,出现在隐含性显身当中。AUSIT 要求译员准确完整地翻译包括不敬、粗俗话语在内的内容,不得做改变或省略。这与本研究语料显示出的情形十分不同。本研究发现译员会对讲者的话语内容和语气做修饰。在话语内容的修饰方面,译员对讲者逻辑不清、语意不详的内容做质量性的提高,通过这样暗含性的显身修饰了讲者的形象。译员还会对讲者的语气进行修饰,将强烈的语气中性化,语料中没有出现不敬、粗俗的话语内容,但是包含了负面情绪的强烈语气的例子,译员会对这样的负面情绪做修饰,缓和源语强烈的负面语气给听众造成的不快,因此主动参与了双语交际。从这个角度上来说,译员实际上"改变"了源语,这不符合 AUSIT 的要求。AUSIT 还禁止译员对明知不正确的东西进行修改,也就是说,当讲者的话语内容出现了不正确的地方,译员仍然需要按照讲者的原文进行翻译。这是一种非常忠实的翻译观。但是本研究语料显示,译员的实际操作并不是这样的,对讲者的口误或明知不正确的话语内容,译员会主动纠错。

AVLIC 提出了源语言和目标语言之间的关系,认为忠实的翻译需将源语言中的语言和文化做对应翻译,让听众在目标语言和文化当中能获得同样的感觉,为此允许译员做一定调整(adaptation)。这种要求与 AUSIT 提到的"不得做任何改变、添加或省略"的要求完全相反。但是,如何能使听众获得同样的感觉是一个比较棘手的问题,与语用效果有很大的关系。笔者认为,这一点除了与译员的责任相关,还暗含了一定的译员权利,即译员有权利为了达到语言和文化上的某种忠实而发挥主观能动性对译语产出做出调整。

UN 对参会人员提醒了译员翻译的两种模式："宣读译稿"和"以实际发言为准"。如果选择让译员宣读译稿,发言人脱稿发言的部分便不一定会出现在口译当中;如果选择让译员以实际发言为准作为口译产出的标准,译语产出则会与译稿不同。笔者认为,这样善意的提示对于参会人员和译员来说都是有益的。首先,对参会人员而言,这样的提示告诉参会人员可以对译员译语做出怎样的期待,让参会者知道译员会怎样处理读稿和脱稿的发言,而且这样的处理方式与参会者的选择直接相关。对译员而言,译员能对自己的工作方式和工作权利有更好的认识,如果代表团选择让译员读译稿,译员则有权利不翻译脱稿的内容,也就是说,译员对翻译脱稿内容免责的权利。值得一提的是,这样的要求似乎在会议口译市场上完全行不通,会议口译市场上的默认规则是:以听为主,哪怕讲者给了讲稿但仍会做出现场调整。

第四,行为规范"中立性"的内容展现了译员的交际参与和立场的角色行为。AVLIC 指出译员"不应持个人意见"实际上与 NRPSI 所说的"中立、公正"是同一个意思,都是要求译员不偏不倚地保持中立立场。但是,本研究语料显示,译员的立场并不总是中立的,而是依照具体的情况有时偏向讲者,有时偏向听众,做钟摆式摇摆。

5.3　本章小结

本研究所进行的问卷调查和译员访谈的结果与语料分析结果基本一致。但是,大部分受访译员仍然认为译员应该努力做到"隐身",将译员的隐身性视作重要的口译工作指导参数。

本章还针对不同的行业组织对译员的角色问题进行了比照对应,行业守则规定涵盖了本研究译员角色行为的内容。但是,大多数内容直指译员的角色责任,只有 UN 突出强调了译员角色权利。

第6章 结 论

6.1 研究的主要内容

前人针对译员角色进行了大量研究,显示出两个特点。第一,角色研究维度呈具象化,研究者会给译员冠以一个具体的头衔,把译员称为"什么者"或"什么人"(如:协调者,中间人),阐明译员在口译活动中所体现的某一方面的功能或作用。然而,译员的角色是很复杂的,用一个或几个隐喻来概括难免有以偏概全之嫌。第二,译员研究呈现一边倒的情况,研究主体主要针对以交替传译形式进行的口译活动场景,对于同传口译活动的研究则大量集中在手语传译场景,对于会议同声传译译员的角色研究既不多见,也不深入。

译员角色是一个多层面的概念,没有哪一个具象化的描述能涵盖译员角色的多样性。译员角色并不是一成不变的,而是在不同的情况下呈动态变化。因此,除了从具象化的维度来研究译员角色,还应该从更加宏观的角度将零散的讨论整合在一个系统框架中,构建译员角色的总体概念。笔者试对会议同传译员角色做出定义,认为同传译员角色就是指同传译员在同传工作情景下相应的角色行为和角色期待,包含内涵和外延两部分,前者包括译员的角色身份和角色关系,后者则包含译员的行为规范和行为模式。

代表角色概念内涵的角色行为构成了本书的研究框架。本书着重研究了译员的角色身份(包括角色责任和角色权利)和角色关系(包括角色立场和交际参与),并提出一个研究假设:同传译员角色具有显身性。研究发现角色身份和角色关系内在的因素都可以用显身或隐身的性质来规定,笔者采用"角色显身性"作为研究载体来详述同传译员的角色内涵。同传译员的角色显身性是指同传译员在进行同传工作的过程中彰显自身的角色身份和角色关系。在这个框架之下,译员的角色责任是译员应该进行的价值付出,权利是译员应该得到的价值主张;角色立场是指译员的工作地位和态度,角色交际是译员通过译语信息传递而交流信息、情感的过程。此外,同传译员显身具有唯一的接收方(听众),还具备展现译员形象和修饰讲者形象的两个层面。研究进而总结出三种显身类别:明示性显身、隐含性显身和模糊性显身。

本研究通过三种方法为定性分析的内容做数据支撑,即研究语料分析、问卷调查和译员访谈。这属于三方论证法,先从客观的语料中总结出译员显身的例子,并对数据进行统计和分析,分别针对明示性显身、隐含性显身和模糊性显身的案例进行详述,然后统计出各类显身的比例。数据研究结果发现,同传译员角色身份的显身性强于角色关系的显身性。问卷调查和译员访谈的结果与研究语料分析结果基本一致。值得一提的是,虽然调查问卷的结果显示译员在实际工作过程中存在自觉或不自觉的显身,但大多数受访译员在描述同传角色的时候,仍然将"隐身"作为首要标准和重要工作参数。

6.2　研究结论

本研究得出以下结论。

第一,研究假设(同传译员角色具有显身性)经研究证实成立。研究指出,同传译员的角色显隐同时存在。同传译员的隐身是相对的、偶然的,只出现在源语和目标语译语的字词结构、句子结构、表达方式等语法、语义内容机械对应的时候;同传译员的显身是绝对的、必然的,出现在译员彰显角色身份和角色关系的时候。当译员行使角色权利,承担角色责任,参与双方交际,展现角色立场的时候,即可被视作显身。

第二,社会学上的"角色"定义与几个因素相关:人们的期望,主体有一定的社会地位或身份,应有的行为。其中,"人们的期望"是制约角色主体的外在因素,地位、身份和行为则是角色主体的内在因素。本研究认为,在对同传译员角色概念进行定义的时候,应该考虑内外两种因素。研究定义了同传译员的角色概念:同传译员在同传工作场景中相应的角色行为和角色期待,其内涵包括角色身份和角色关系,外延包括行为规范和行为模式。此定义中的内涵和外延是组成同传译员角色概念的有机部分,两者相辅相成、缺一不可。角色外延制约着角色内涵,角色内涵回应角色外延。角色内涵是角色概念的内因,是角色内部对立统一的关系;

角色外延是作用在内涵上的外因,推动角色内涵的发生。

同传译员角色定义的内涵和外延还决定了同传译员角色的动态性。有特定的角色期待才有与之相对应的角色行为,而角色期待往往不是固定不变的,因此角色行为的表现也应呈现动态性。内涵和外延的动态性使得同传译员角色不存在孤立、静止的状态,而是处于不断发展变化之中。

第三,同传译员的角色显身是指译员通过目标语的产出体现角色行为,彰显角色身份,使目标语听众接收到的话语信息内容、效果和对讲者形象的感知与语源语听众存在不一致的情况。目标语听众所获得的信息效果和对讲者的感知与源语听众是无法完全对等的,前者处于动态变化中,向后者无限靠近。影响这种无限靠近的因素很多,其中之一便是译员的角色显身。

角色显身包括两个变量:译员展现自身形象,译员修饰讲者形象。这两个变量有两重关系。首先,译员并没有在展现自身形象的所有情况下都同时修饰讲者形象。有的时候,译员展现自身形象可以直接为目标语听众所识别。此时译员跳脱了同传三角关系(讲者 - 译员 - 听众)而只与听众产生关联,听众从译员的行为和话语可以分辨出译员的身份。其次,译员修饰讲者形象时均展现了自身形象,但是这种自身形象的展示不是明示性的,而是暗含性的。也就是说,译员通过修饰讲者的形象而展现自身形象,译员通过发挥主观能动性,充分调动自己作为同传活动主体之一的积极性,为保障同传工作的顺利展开和交际双方沟通的有效进行而展现出自身的角色。这两个变量的关系说明,同传译员角色显身当中只有译员展示自身形象是常量,而修饰讲者形象则是附加在展示自身形象上的一种表象。

第四,译员角色和译员角色显身性是两个不同的概念。前人研究同传译员角色的时候,常混淆这两个概念。比如,有研究者指出,同传译员在同传间里工作,并不显身于跨语言沟通交际的现场,与客户之间无互动,因此就连译员自己也常常认为自己真的是隐身人,更谈不上有角色可言(Knapp-Potthoff & Knapp, 1987: 182)。这种描述存在一定的逻辑缺陷。译员认为自己是"隐身人",因此没有角色,也就是说,译员其实是将角色性与显身性相等同,认为显身才有角色。实际上,显身和隐身同为译员的角色表现,是以承认译员角色存在性为前提的;译员有角色,才会有角色显隐,角色显隐是不能脱离角色性而单独存在的。译员的角色性是与口译活动主体性相关的讨论,承认译员的角色性即承认译员是口译活动中的主体之一;角色显隐指的是角色类型。

角色是本质,显身是现象。本质是事物的根本性质,是事物组成要素稳定的内在联系;现象是事物的外部联系和表面特征,是本质的外在表现。本质与现象是对立统一的,通过现象把握本质是认识的主观辩证法。本研究以角色显身性作为研究出发点,从角色类型的角度来描述角色,利用现象描述本质。

同传译员角色与角色显身之间的关系是多维度的。本研究定义的明示性显身、隐含性显身和模糊性显身当中均包含有译员的角色责任。角色权利则只出现在明示性显身和隐含性显身中,在隐含性显身中占较大比重。角色立场和交际参与在明示性显身中所占比重较少,这是由同传交际场合的特殊性决定的,在实际工作中,同传译员明示立场、参与交际却又能为目标语听众所清晰辨别的机会极少。译员通常是通过隐含性显身的方式,在对讲者形象进行修饰的同时以非明示的方式参与交际、表明立场。

6.3 研究创新和研究价值

6.3.1 研究创新

笔者根据现场会议整理了研究语料数据,将同传译员的显身性作为研究载体,对同传译员的角色行为进行构建和描述。本研究的创新性主要体现在以下四个方面。

第一,本研究提出了同传译员角色概念,将前人研究分散的要点进行归纳整合,并针对此角色概念的内涵部分进行了详细描述和数据分析。笔者对同传译员角色内涵、角色外延以及其中的内容作出了明确定义,指出同传译员角色的内涵包括角色身份和角色关系两部分,前者是后者的前提和基础。

长期以来,同传译员的责任和权利混淆不清,造成译员身份的模糊性。同传译员"隐身"在同传间,在工作空间上和时间的存在感很低,因此译员的角色权利十分不明显。不厘清译员权责就无法定义译员的角色身份,也不能进一步阐释译员的角色关系。在任何一种角色行为中,不应该只存在权责的单方面内容,译员既然在同传活动中有恰当的价值付出,就应该有对应的价值主张,这才是权利和责任真正意义上的对应。因此,笔者对于同传译员角色权利进行了探究。

第二,前人在研究译员角色的时候,多采用调查访问的方法,或对口译场景进行描述,或用零散的语料辅助研究,语料数据库的使用并不多见。本研究以一个两天会议的完整语料为研究数据的主要来源,用数据支撑研究观点。

第三,笔者定义了同传译员显身的类型,从展现译员形象和修饰讲者形象两个方面着手讨论译员的显身性,在研究过程当中发现同传译员角色并不是非隐即显的,而是存在一个中间过渡地带。译员的明示性显身和隐含性显身属于明确的显身性,但是研究语料显示,除此之外还有一种模糊性显身,可以被视作独立存在的显身性,处于译员显身和隐身的中间地带。

第四,本研究指出可以从另一个角度来理解"机器论"和"隐身论",当译员的反应呈现常规化的时候,上述观点可以被视作合理。笔者还利用了数学模型,以跨学科的研究方式来阐述观点,详见式(4-1)和式(4-2)。

6.3.2 研究价值

从学术研究角度来说,在学术界专门针对同传译员的角色研究严重不足的情况下,本研究明确地提出,同传译员也应像交传译员一样是有角色可言的,同传译员的角色性不应再讳莫如深,对同传译员的角色显身性的描述可以证明同传译员的角色是切实存在的。

对教学而言,本研究可以帮助消除口译教学培训当中某些解释不清的问题。比如,有的时候,口译教学培训要求学生严格隐身,同时又要求学生对讲者的话语进行润色,却没有一个理由来解释这种看上去自相矛盾的教义。

本研究指出,口译员培训、行业规范、实际操作这三个领域之间存在多重断层,原因之一就在于对同传译员的角色性没有明确的定义。行业规范名正言顺地指导着译员培训,但是职业译员却在实际工作中发现行业规范和行业培训中存在许多不可操作之处。因此,必须明确译员的角色概念和角色内涵,让译员在实际工作的时候有能够遵循的依据。

6.4　问题和展望

本研究存在一定的不足之处。

首先，从该研究语料上来说，会议形式是培训研讨会，互动性较强，具有一定的特殊性，与一般的国际会议或论坛式会议存在差异。国际会议或行业论坛等会议当中讲者独白式发言比较多，还存在大量"照本宣科"的情况，这些情况并没有在本研究语料中体现出来。语料中只有两位同传译员的工作情况，人数较少，其语言习惯和偏好或具有一定的个人特性。语料转写的时候没有对副语言信息（如停顿、强调、语调等）进行详细标示，这些副语言信息也能在某种程度上体现译员显身性。互动部分语料的段落分割以互动的回合为标准，但是独白部分语料的段落分割则是以讲者发言语义的自然段落为标准，具有一定模糊性。

其次，问卷调查的深度和广度还可以继续扩展，调查的人数尚待进一步加大。本研究问卷调查的主体人群仍是以"中英"为语言组合的同传译员，中文和英文的语言特点会对译员的传译策略造成一定程度的影响。在今后的研究调查中可加大其他语言组合的译员占比。

笔者认为，针对"同传译员角色研究"这一主题的研究可以在以下方面继续深入展开。

本研究对同传译员角色及角色显身性进行了描述，但是没有深究其中原因，解释现象发生的理据。今后的研究可以考虑以同传译员角色显身性之原因为题，阐明显身性背后的原因。

同传译员角色概念的内涵和外延部分是不可分割的两大因素，但是本研究只讨论了角色概念的内涵部分，也就是角色行为部分，并没有对角色期待进行研究。从行业规范可以瞥见业界对于译员行为规范的看法，这与角色期待息息相关。因此，角色期待中的行为规范和行为模式可以作为今后研究的关注点。角色行为主要以译员为着眼点，而角色期待则关注同传用户。前文指出，角色期待直接影响角色行为，只有将这两者研究结合在一起，同传译员角色研究才能更加完整。

本研究发现，针对"同传译员角色"这一主题而言，译员培训、实际工作和行业行为规范三者之间存在很大的断层，这展示了另一个潜在的研究主题和研究领域，即描述这种断层的状态，不同断层彼此之间有何联系，并深究个中原因。

　　此外,研究还可以针对交传译员角色概念进行构建,并将同传译员角色和交传译员角色作对比研究。在译员类别上也可以做出细化,如分成自由译员和机构译员等具有不同工作性质的译员类型,描述其角色和角色显身性的特点。

参考文献

[1]Alexieva, B. *Semantic Analysis of The Text In Simultaneous Interpreting* [C]. The 10th Fit World Congress. Wien: Braumller, 1984.

[2]Alexieva, B. "Types of Texts and Intertextuality In Simultaneous Interpreting" [A]. In: An Interdiscipline. M. Snell-Hornby, F. Pchhacker, K. Kaindl（eds）. *Translation Studies* [C]. Amsterdam/Philadelphia: John Benjamins Publishing Company, 1994:179 ～ 187.

[3]Alexieva, B. "A Typology of Interpreter-mediated Events" [A]. In: Pchhacker, F（eds）. *The Interpreting Studies Reader*[C]. London: Routledge,1997:219 ～ 233.

[4]Alexieva, B. "Understanding the Source Language Text in Simultaneous Interpreting" [J]. *The Interpreters' Newsletter*, 1999 :9.

[5]Altman, J. "Overcoming Babel: The Role of the Conference Interpreter in the Communication Process" [A]. In R. Klmel, J. Payne（eds）. *Babel: The Cultural and Linguistic Barriers between Nations*[C]. Aberdeen University Press, 1989:73 ～ 86.

[6]Anderson, R.B.W. "Perspectives on the Role of Interpreter" [A]. In R.W. Brislin（ed.）.*Translation: Application and Research* [C]. New York: Gardner Press, 1976:208 ～ 228.

[7]Anderson, R.B.W. "Interpreter Roles and Interpretation Situations: Cross-Cutting Typologies" [A]. In D.Gerver & H.W. Sinaiko（eds）. *Language Interpretation and Communication*[C]. New York and London: Plenum Press, 1978:217 ～ 230.

[8]Angelelli, C.V. "The Interpersonal Role of the Interpreter in Cross-Cultural Communication: A Survey of Conference, Court, and Medical Interpreters in the US, Canada and Mexico" [A]. In L.Brunette, G. Bastin & I. Hamlin et al.（eds）.*The Critical Link 3. Interpreters in the Community*[C]. Amsterdam: John Benjamins, 2003a:15 ～ 26.

[9]Angelelli, C.V. "The Visible Collaborator: The Interpreter Intervention in Doctor/Patient Encounters" [A]. In M. Metzger（ed.）. *From Topic Boundaries to Omission: New Research on Interpretation*[C]. Washington DC: Gallaudet University Press, 2003b.

[10]Angelelli, C.V. *Medical Interpreting and Cross-Cultural Communication*[M]. Cambridge: Cambridge University Press, 2004a.

[11]Angelelli, C.V. *Revisiting the Interpreter's Role*[M]. Amsterdam/ Philadelphia: John Benjamins, 2004b.

[12]Bahadir, S. "The Empowerment of the Community Interpreter— The Right to Speak with a Voice of One's Own" [J]. *Interpreting in the Community: The Complexity of the Profession International Conference*, Critical Link 3. Montreal, 2011.

[13]Bakhtin, M. *Estetika Slovesnogo Tvortjestva*[M]. Moscow: Isskustvo, 1986.

[14]Bassnett, S. & Lefevere, A. *Translation, History and Culture*[M]. London: Pinterpublishers Ltd, 199011.

[15]Bassnett, S. & Lefevere, A. *Constructing Cultures: Essays on Literary Translation*[C]. London: Pinter Publishers Ltd, 1998.

[16]Bauman, Z. *Modernity and Ambivalence*[M]. Cambridge: Polity Press, 1991.

[17]Bauman, Z. *Postmodernity and Its Discontents*[M]. New York: New York University Press, 1997.

[18]Bertone, L. *The Hidden Side of Babel: Unveiling Cognition, Intelligence and Sense Through Simultaneous Interpretation*[M]. Beijing: Foreign Language Teaching and Research Press, 2008.

[19]Bhabha, H.K. "Culture's In-Between" [A]. In S.Hall & P.du Gay （eds）.*Questions of Cultural Identity*[C]. London: SAGE Publications Ltd, 1996/2005:53 ~ 60.

[20]Bolden, G.B. "Toward Understanding Practices Of Medical Interpreting: Interpreters' Involvement in History Taking" [J]. *Discourse Studies*,2002,2（4）:387 ~ 419.

[21]Caccamise, F., Dirst, R. & DeVries, R, et al. *Introduction to Interpreting* [M]. Silver Spring, MD: Registry of Interpreters for the Deaf, 1980:13.

[22]Cokely, D. "Response to Etilvia Arijona on Evaluation" [A]. In

M. McIntire（ed.）. *Proceedings of the Fourth National Conference of Interpreter Trainers—New Dialogues in Interpreter Education*[C]. Silver Spring, MD: Registry of Interpreters for the Deaf, 1984:139 ~ 150.

[23]Davidson, B. "A Model For the Construction of Conversational Common Ground in Interpreted Discourse" [J]. *Journal of Pragmatics*, 2002（34）:1273 ~ 1300.

[24]Dean, R.K. & Pollard, R.Q. "From Best Practice to Best Practice Process: Shifting Ethical Thinking and Teaching" [A]. In E.M. Maroney（ed.）. *A New Chapter in Interpreter Education: Accreditation, Research and Technology. Proceedings of the 16th National Convention Conference of Interpreter Trainers*[C]. 2006 Available at http://www.cit-asl.org.

[25]Diriker, E. *De-/Re-Contextualizing Conference Interpreting*[M]. 上海上海外语教育出版社, 2010.

[26]Drennan, G. & Swartz, L. "A Concept Over-Burdened: Institutional Roles for Psychiatric Interpreters in Post-Apartheid South Africa" [J]. *Interpreting*, 1994（2）:169 ~ 198.

[27]Gile, D. *Basic Concepts and Models for Interpreters and Translators Training* [M]. Amsterdam/Philadelphia: John Benjamins Publishing Company, 1995:75.

[28]Gile, D. "Observational Studies and Experimental Studies in the Investigation of Conference Interpreting"[J]. *Target*, 1998, 10（1）:69 ~ 93.

[29]Gile, D. "The History of Research into Conference Interpreting: A Scientometric Approach" [J]. *Target*, 2000, 12（2）:297 ~ 312.

[30]Goffman, E. *Strategic Interaction* [M]. Oxford: Basil Blackwell, 1970.

[31]Goffman, E. *The Presentation of Self in Everyday Life* [M]. London: Penguin, 1978.

[32]Gudykunst, W. "Diplomacy: A Special Case for Intergroup Communication in Communicating for Peace, Diplomacy and Negotiations" [A]. *In 14th International & Intercultural Communication Annual Proceedings*[C], 1990.

[33]Gurianova, A. "Neutrality in Conference Interpreting: Influence of Mode（Simultaneous Versus Consecutive）on the Neutrality of the Interpreter, 2010" [EB/OL]. Available at http://archive-ouverte.unige.ch/unige: 1590 :3.

[34]Hale, S. *Community Interpreting*[M]. New York: Palgrave MacMillan, 2007.

[35]Hale, S. "Controversies Over the Role of the Court Interpreter" [A]. In C. Valero-Gracés & A. Martin（eds）. *Crossing Borders in Community Interpreting: Definitions and Dilemmas*[C]. Amsterdam/Philadelphia: John Benjamins, 2008 ;99 ~ 121.

[36]Hanneke, B. "Dialogue Interpreting as a Specific Case of Reported Speech " [J]. *Interpreting*,2005（2）:237 ~ 261.

[37]Herbert, J. *The Interpreter's Handbook: How to become a Conference Interpreter* [M]. Genève: Librairie de l'Université Georg,1952.

[38]Herbert, J. "Language Interpretation and Communication, Proceedings of the NATO Symposium on Language Interpretation and Communication" [A]. In D.Gerver & W.H. Sinaiko（eds）.*How Conference Interpretation Grew*[C]. New York: Plenum,1978:5 ~ 9.

[39]Hsieh,E. "Interpreters as Co-diagnosticians: Overlapping Roles and Services Between Providers and Interpreters" [J]. *Social Science and Medicine*,2007（64）:924 ~ 937.

[40]Ingram, R. "A Communication Model of the Interpreting Process" [J]. *Journal of the Rehabilitation of the Deaf*,1974:3 ~ 9.

[41]Hudelson, P. "Improving Patient-Provider. Communication: Insights from Interpreters" [J]. *Family Practice*,2005（22）:311 ~ 316.

[42]Jacobsen, B. "The Community Interpreter: A Question of Role" [J]. *Journal of Language and Communication Studies*,2009（42）: 155 ~ 166

[43]Kadric, K. "Interpreting in the Austrian Courtroom" [A]. In R.P. Roberts, S.E. Carr, D. Abraham et al.（eds）. *The Critical Link 2: Interpreters in the Community*[C]. Amsterdam and Philadelphia: John Benjamins, 2000: 153 ~ 164.

[44]Katan, D. & Straniero-Sergio, F. "Look Who's Talking: The Ethics of Entertainment and Talkshow Interpreting" [J]. *The Translator*, 2001,7（2）213 ~ 237.

[45]Kaufman, S & Duncan, G.T. "The Role of Mandates in Third Party Intervention" [J]. *Negotiation Journal*, 1988:403.

[46]Kaufman, S. "The Interpreter as Intervener" [A]. In A.K. Schneider & C. Honeyman,C（eds）. *The Negotiator's Fieldbook——The*

Desk Reference for Experienced Negotiator[C]. Washington DC: ABA Section of Dispute Resolution, 2005536 ~ 546.

[47]Kirchoff, H. "Das Dreiliederige Zweisprachige Kommuni-kationssystem Dometschen" [J]. *Le langage et l'Homme*, 1976（31）21 ~ 27.

[48]Knapp-Potthoff, A. & Knapp, K. "Interweaving Two Discourses——The Difficult Task of the Non-Professional Interpreters" [A]. In J. House & S. Blum-Kulka（eds）. *Interlingual and Intercultural Communication*[C]. Tübingen: Gunter Narr, 1986:151 ~ 168.

[49]Knapp-Potthoff, A. & Knapp, K. "The Man（or Woman）in the Middle: Discoursal Aspects of Non-Professional Interpreting" [A]. In K. Kanpp, W. Enninger & A. Knapp-Potthoff（eds）. *Analyzing Intercultural Communication*[C]. The Hague: Mouton, 1987:181 ~ 211.

[50]Kondo, M. "Japanese Interpreters in Their Socio-Cultural Context" [J]. *Meta*,1988,41（1）:118 ~ 138.

[51]Kondo, M. "What Conference Interpreters Should not Be Expected to Do" [J]. *The Interpreters' Newsletter*,1990（3）:59 ~ 65.

[52]Kondo, M. & Tebble, H. "Intercultural Communication, Negotiation, and Interpreting" [A]. In Y.Gambier, D. Gile & C. Taylor（eds）. *Conference Interpreting: Current Trends in Research*[C]. Amsterdam and Philadelphia: John Benjamins, 1997149 ~ 166.

[53]Kopczyń ski, A. "Quality in Conference Interpreting: Some Pragmatic Problems" [A]. In S. Lambert & B. Moser-Mercer（eds）. *Bridging the Gap——Empirical Research in Simultaneous Interpretation* [C]. Amsterdam and Philadelphia: John Benjamins Publishing Company, 1994:189 ~ 198.

[54]Lambert, W.E. "Measurement of the Linguistic Dominance of Bilinguals" [J]. *Journal of Abnormal and Social Psychology*,1955（50）:197 ~ 200.

[55]Lambert, S.M. "Information Processing Among Conference Interpreters: A Test of the Depth of Processing Hypothesis" [J]. *Meta*, 1988,33（3）:377 ~ 387.

[56]Lang, R. "Interpreters in Local Courts in Papua New Guinea"[A]. In W.M. O'Barr & F. Jean（eds）. *Language and Politics* [C]. The Hague: Mounton, 1976:327 ~ 365.

[57]Lang, R. "Behavioral Aspects of Liaison Interpreters in Papua New Guinea: Some Preliminary Observations" [A]. G.D. Sinaiko & H. Wallace (eds). *Language Interaction and Communication*[C]. New York/ London: Plenum, 1978:231 ~ 244.

[58]Laster, K. & Taylor, V. *Interpreters and Legal System* [M]. Leichhardt, NSW: The Federation Press, 1994.

[59]Leanza, Y. "Roles of Community Interpreters in Paediatrics As Seen by Interpreters, Physicians and Researchers" [J]. *Interpreting Special Issue: Healthcare Interaction: Discourse and Interaction*, 2005, 7 (2):167 ~ 192.

[60]Lefevere, A. *Translation, Rewriting and the Manipulation of Literary Fame*[M]. Shanghai: Shanghai Foreign Language Education Press, 2004.

[61]Mason, I. "Models and Methods in Dialogue Interpreting Research" [A]. Olohan, M. (ed). *Intercultural Faultilines* [C]. Manhester: St Jerome Publishing, 2000.

[62]McIntire, M.L. "New Dialogues in Interpreter Education" [A]. *In Proceedings of the Fourth National Conference of Interpreter Trainers Convention*[C]. Silver Spring, MD: RID Publications, 1984.

[63]McIntire, M.L., Sanderson, G.R. "Bye-bye! Bi-bi!: Questions of Empowerment and Role" [J]. *RID Journal of Interpretation*, 1993:94 ~ 118.

[64]McIntire, M.L., Sanderson, G.R. "Who's in Charge Here?: Perceptions of Empowerment and Role in the Interpreting Setting" [J]. *RID Journal of Interpretation*, 1995:90 ~ 100.

[65]Metzger, M. *Sign Language Interpreting: Deconstructing the Myth of Neutrality*[M]. Washington DC: Gallaudet University Press, 1999.

[66]Mead, G.H. *Mind, Self and Society: From the Standpoint of a Social Behaviorist*[M]. Chicago: The University of Chicago Press, 1952.

[67]Mikkelson, H. "The Professionalization of Community Interpreting" [A]. In M. JRme-OKeeffe (ed.). *Global Vision. Proceedings of the 37th Annual Conference of the American Translators Association*[C]. Alexandria, Virginia: American Translators Association, 1996a:77 ~ 89.

[68]Mikkelson, H. "Community Interpreting: An Emerging Profession" [J]. *Interpreting: International Journal of Research and Prac-*

tice in Interpreting, 1996b,1（1）:125 ~ 129.

[69]Mikkelson, H. "Towards a Redefinition of the Role of the Court Interpreter" [J]. *Interpreting: International Journal of Research and Practice in Interpreting*, 1998,3（1）:21 ~ 46.

[70]Miram,G.E. "Profession—Interpreter" [EB/OL]. In Kiev（ed.）. Available at http://www.gumer.info/bibliotek_Buks/Linguist/Miram/index.php, retrieved02.06.2010.

[71]Morris, R. "Court Interpretation: The Trial of Ivan John Demjanjuk" [J]. *The Interpreters' Newsletter*, 1989（2）:27 ~ 37.

[72]Morris, R. "Interpretation at the Demjanjuk Trial" [A]. In D. Bowen & M. Bowen（eds）.*Interpreting: Yesterday, Today and Tomorrow*[C]. American Translators Association Scholarly Monograph Series IV. Amsterdam/ Philadelphia: John Benjanmins Publishing Company, 1990:101 ~ 107.

[73]Morris, R. "The Moral Dilemmas of Court Interpreting" [J]. *The Translator: Studies in Intercultural Communication*, 1995,1（1）25 ~ 46.

[74]Morris, R. "The Gum Syndrome: Predicaments in Court Interpreting" [J]. *Forensic Linguistics: The International Journal of Speech, Language and the Law*, 1999,6（1）6 ~ 29.

[75]Mullamaa, K. "Towards a Dynamic Role Model of Liaison Interpreters: Self-Description of Practitioners in Estonia" [J]. *New Voices in Translation Studies*, 2009（5）:46 ~ 62.

[76]Nida, E.A. *Language and Culture—Context in Translating*[M]. Shanghai: Shanghai Foreign Language Education Press, 2001:87.

[77]Niebuhr, H.R. *The Responsible Self: An Essay in Christian Moral philosophy*[M]. Louisville: Westminster John Knox Press, 1963.

[78]Page, J. "In the Sandwich or on the Side? Cultural Variability and the Interpreter's Role"[J]. *Journal of Interpretation*,1993（6）:107 ~ 125.

[79]Pollitt, K. "The State We're in: Some Thoughts on Professionalization, Professionalism and Practice Among the UK's Sign Language Interpreters" [J]. *Deaf World*, 1997,13（3）:21 ~ 26.

[80]Pchhacker, F. "The Role of Theory in Simultaneous Interpreting" [A]. In C. Dollerup & A. Loddegaard,（eds）. *Teaching Translation and Interpreting: Training, Talent and Experience*[C]. Amsterdam and Philadelphia: John Benjamins, 1992:211 ~ 220.

[81]Pchhacker, F. "From Knowledge to Text: Conherence in Simultaneous Interpreting" [A]. In Y. Gambier and J. Tommola (eds). *Translation and Knowledge: SSOTT IV*[C]. Turku: University of Turke, Centre for Translation and Interpreting, 1993:87 ~ 100.

[82]Pchhacker, F. "Simultaneous Interpretation: 'Cultural Transfer' or 'Voice-Over Text'?" [A] .In M. Snell-Hornby, F. Pchhacker & K. Kaindl (eds). *Translation Studies- An Interdiscipline*[C]. Amsterdam and Philadelphia: Joan Benjamins, 1994:169 ~ 178.

[83]Pchhacker, F. "Simultaneous Interpreting: A Functionalist Perspective" [J]. *Journal of Linguistics*, 1995 (14):31 ~ 53.

[84]Pchhacker, F. "Slips and Shifts in Simultaneous Interpretation" [A]. In J. Tommola (ed.). *Topics in Interpreting Research*[C]. Turku: University of Turku, Centre for Translation and Interpreting, 1995:73 ~ 90.

[85]Pchhacker, F. "The Community Interpreter's Task: Self-Perception and Provider Views" [A]. In Roberts et al. (eds). *The Critical Link 2: Interpreters in the Community*[C]. Amsterdam and Philadelphia: John Benjamins, 2000:49 ~ 65.

[86]Pchhacker, F. "Quality Assessment in Conference and Community Interpreting" [J]. *Meta*, 2001, 46 (2):410 ~ 425.

[87]Pchhacker, F. *Introducing Interpreting Studies* [M]. London: Rutledge, 2004.

[88]Robinson, D. *The Translator's Turn*[M]. Baltimore: The Johns Hopkins University Press, 1991.

[89]Reddy, M. "The Conduit Metaphor: A Case of Frame Conflict in Our Language about Language" [A]. In A. Ortony (ed.). *Metaphor and Thought*[C]. Cambridge: Cambridge University Press, 1979:284 ~ 297.

[90]Rogers, C. *Client Centered Therapy*[M]. Boston: Houghton Mifflin, 1951:136.

[91]Rosenberg, B.A. "A Quantitative Discourse Analysis of Community Interpreting" [A]. *Translation: New Ideas for a New Century. Proceedings of the XVI FIT Congress*[C]. Paris: FIT, 2002:222 ~ 226.

[92]Roy, C.B. "The Problem with Definitions, descriptions and the Role Metaphors of Interpreters" [A]. In F. Pchhacker & M. Shlesinger (eds). *The Interpreting Studies Reader*[C]. London and New York:

Routledge, 1993/ 2002:345 ~ 353.

[93]Roy, C.B. "An Interactional Sociolinguistic Analysis of Turntaking in an Interpreted Event. Interpreting" [J]. *International Journal of Research and Practice in Interpreting*, 1996,1（1）:39 ~ 67.

[94]Roy, C.B. *Interpreting as A discourse Process*[M]. Oxford: Oxford University Press, 2000.

[95]Roy, C.B. "Training Interpreters——Past, Present and Future" [A]. In C.B. Roy（ed.）. *Innovative Practices for Teaching Sign Language Interpreters*[C]. Washington, DC: Gallaudet University Press, 2002:1 ~ 14

[96]Seeber, K. "Betrayal-Vice or Virtue? An Ethical Perspective on Accuracy in SI" [J]. *Meta*, LII. 2007（2）.

[97]Seleskovitch, D. *Interpreting for International Conference*[M]. Washington DC: Pen and Booth, 1978:11.

[98]Seleskovitch, D. & Lederer, M. 口译训练指南 [M]. 闫素伟, 邵炜 译. 北京 中国对外翻译出版公司,2007.

[99]Sergio, F.S. "The Interpreter on the Talk Show: Interaction and Participation Frameworks" [J]. *The Translator*, 1999,5（2）:303 ~ 326.

[100]Shlesinger,M. "Interpreter Latitude vs. Due Process. Simultaneous and Consecutive Interpretation in Multilingual Trials" [A]. In S. Tirkkonen-Condit（ed.）. *Empirical Research in Translation and Intercultural Studies*[C]. Tübingen: Gunter Narr,1991:147 ~ 155.

[101] Snell-Hornby, M. *Translation Studies—An Integrated Approach*[M]. Amsterdam and Philadelphia: John Benjamins, 1988.

[102] Solow, S.N. *Sign Language Interpreting: A Basic Resource Book*[M]. Silver Spring, MD: National Association of the Deaf, 1980.

[103] Sperber, D & Wilson, D. *Relevance: Communication and Cognition*[M]. Oxford: Blackwell, 1986/1995.

[104] Sturge, K. "Translation Strategies in Ethnography" [J]. *The Translator: Studies in Intercultural Communication*, 1997,3（1）:21 ~ 38.

[105] Takimoto, M. "Interpreters' Role Perceptions in Business Dialogue Interpreting Situations" [J]. *Monash University Linguistics Paper*,2006（1）:47 ~ 57.

[106] Torikai, K. *Voices of the Invisible Presence*[M]. Amsterdam/ Philadelphia: John Benjamins, 2009.

[107] Venuti, L. *The Translator's Invisibility: A History of Translation*[M]. London and New York: Routledge, 1995.

[108] Wadensj, C. "The Double Role of a Dialogue Interpreter" [A]. In F. Pchhacker & M. Shlesinger. *The Interpreting Studies Reader*[C]. London and New York: Routledge, 1993/2002:354 ～ 370.

[109] Wadensj, C. *Interpreting as Interaction* [M]. London and New York: Longman, 1998.

[110] Wadensj, C. "Telephone Interpreting and the Synchronization of Talk in Social Interaction" [J].*The Translator: Studies in intercultural Communication*, 1999,5（2）:247 ～ 264.

[111] Wadensj, C. "Interpreting in Crisis: The Interpreter's Position in Therapeutic Encounters" [A]. In I. Mason（ed.）. *Triadic Exchanges:- Studies in Dialogue Interpreting*[C]. Manchester St. Jerome Pub, 2001 : 71 ～ 85.

[112] Wadensj, C. "In and Off the Show: Co-Constructing "Invisibility" in an Interpreter-Mediated Talk Show Interview" [J]. Meta: Translator's Journal, 2008（1）:184 ～ 203.

[113] Walter, B. "The Task of the Translator" [A]. In H. Zohn, R. Schulte & J. Biguenet（eds）. *Theories of Translation: An Anthology of Essay from Dryden to Derrida*[C]. Chicago: The University of Chicago Press, 1992.

[114] Young, O. *The Intermediaries: Third Parties in International Crises*[M]. Princeton: Princeton University Press, 1967.

[115] 查明建 . 论译者主体性——从译者文化地位的边缘化谈起 [J]. 中国翻译,2003（1）: 19 ～ 24.

[116] 蔡露虹 . 论联络口译员的角色定位 [D]: [博士学位论文]. 厦门 : 厦门大学,2006.

[117] 蔡平 . 翻译方法应以归化为主 [J]. 中国翻译,2002（5）: 39 ～ 41

[118] 车文博 . 西方心理学史 [M]. 杭州：浙江教育出版社,1999：147.

[119] 陈大亮 . 翻译研究：从主体性向主体间性转向 [J]. 中国翻译,2005（2）.

[120] 陈历明 . 翻译：作为复调的对话 [M]. 成都：四川大学出版社,2006.

[121] 程永生 . 翻译主体性研究和描写交际翻译学的理论框架 [J]. 安徽大学学报,2005（6）: 68 ～ 73.

[122] 辜正坤 . 译学津原 [M]. 郑州: 文心出版社,2005: 11 ～ 13.

[123] 海德格尔 . 存在与实践 [M]. 陈嘉映,王庆节译 . 北京: 三联书店出版社 . 1987: 184.

[124] 何自然,冉永平 . 关联理论——认知语用学基础 [J]. 现代外语,1998（3）: 92 ～ 107.

[125] 胡庚申 . 翻译适应选择论 [M]. 武汉: 湖北教育出版社,2004.

[126] 胡庚申 . 从术语看译论——翻译适应选择论概观［J］. 上海翻译,2008（2）: 1 ～ 5.

[127] 侯林平 . 姜泗平 . 我国近十年来译者主体性研究的回顾与反思［J］. 山东科技大学学报(社会科学版),2006（9）: 100 ～ 104.

[128] 栗文达,赵树旺 . 中外记者招待会中口译员的角色定位 [J]. 新闻爱好者,2009（7）: 53 ～ 54.

[129] 廖晶,朱献珑 . 论译者的身份——从翻译理念的演变谈起 [J]. 中国翻译,2005（3）: 14 ～ 19.

[130] 林之达 . 传播学基础理论研究 [M]. 成都: 西南交通大学出版社,1994. 56.

[131] 刘林军 . 论同声传译中的译员角色［J］. 中国科技翻译,2004（5）: 20 ～ 23.

[132] 穆雷,诗怡 . 翻译主体的"发现"与研究——兼评中国翻译家研究［J］. 中国翻译,2003（1）: 12 ～ 18.

[133] 伽达默尔 . 真理与方法——哲学诠释学的基本特征 [M]. 洪汉鼎译 . 上海: 上海译文出版社,2002: 490.

[134] 任小平 . 外交口译的灵活度 [J]. 中国翻译,2000（5）: 40 ～ 44.

[135] 任蕊 . 论译者的显身性［J］. 东北大学学报(社会科学版),2010（11）: 540 ～ 555.

[136] 任文 . 联络口译中译员的主体性意识研究 [D]: [博士学位论文]. 四川: 四川大学,2009.

[137] 施燕华 . 怎样做好外交口译工作 [J]. 中国翻译,2007（3）: 57 ～ 60.

[138] 夏勇 . 人权概念起源 [M]. 北京: 中国政法大学出版社,2001: 48.

[139] 苏伟 . 从"传声筒"到"医患关系的协调者"——一项基于医疗译员角色的实证研究 [J]. 外语研究,2010（5）: 84 ～ 88.

[140] 唐德根,吴静芬.异化归化翻译观的文化与哲学阐释［J］.中国科技翻译,2008（5）: 1 ～ 3.

[141] 屠国元.译者主体性:阐释学的阐释 [J].中国翻译,2003（6）: 8 ～ 14.

[142] 王斌华.口译规范的描写研究——基于现场口译较大规模语料的分析 [M].北京:外语教学与研究出版社,2013.

[143] 韦勒克,沃伦.文学理论 [M],北京:三联书店出版社,1984: 201 ～ 203.

[144] 吴小力.记者招待会的口译和释意理论——兼谈释意训练 [J].中国科技翻译,2007（2）: 27 ～ 30.

[145] 徐亚男,李建英.外事翻译 [M].北京:世界知识出版社,1998.

[146] 许建平,张荣曦.跨文化翻译中的异化与归化问题 [J].中国翻译,2002（5）: 36 ～ 39.

[147] 许钧."创造性叛逆"和翻译主体性的确立 [J].中国翻译,2003（1）: 6 ～ 11.

[148] 谢天振,陈浪.翻译中感受在场的身体——读道格拉斯·罗宾逊的《译者登场》[J].外语与外语教学,2006（9）: 60 ～ 62.

[149] 袁莉.文学翻译主体的诠释学研究构想 [J].解放军外国语学院学报,2003（3）: 74 ～ 78.

[150] 赵军峰,蒋楠.论口译者的跨文化意识 [J].中国科技翻译,1998（2）: 29 ～ 31.

[151] 仲伟合,周静.译者的极限与底线——试论译者主体性与译者的天职 [J].外语与外语教学,2006（7）: 42 ～ 46.

[152] 仲伟合,王斌华.口译研究方法论——口译研究的学科理论构建之一 [J].中国翻译,2010（5）: 7 ～ 12.

[153] 仲伟合,王斌华.口译研究方法论——口译研究的学科理论构建之二 [J].中国翻译,2010（6）: 18 ～ 23.

[154] 邹德艳,刘风光.论联络口译中译员的角色 [J].长春师范学院学报(人文社会科学版),2012（7）: 34 ～ 37.

图表索引

附录 A　译员角色之行业守则规定

AIIC[1]:

article 7 a) (members of the association) shall endeavour always to secure

satisfactory conditions of sound, visibility and comfort···

AUSIT[2]:

1. professional conduct

Interpreters and translators should··· explain their role to clients···

5. Accuracy

Interpreters and translators shall take all reasonable care to be accurate. They must:

Relay accurately and completely all that is said by all parties in a meeting, including derogatory or vulgar remarks, non-verbal clues, and anything they know to be untrue

Not alter, add to or omit anything from the assigned work

Acknowledge and promptly rectify any interpreting or translation mistakes···

Ensure speech is clearly heard and understood by all present···

AVLIC[3]:

2.2 Faithfulness of Interpretation

Every interpretation shall be faithful to and render exactly the message

---

[1]　AIIC (International Association of Conference Interpreters) Code of Professional Ethics.

[2]　AUSIT(Australian Institute of Interpreters and Translators) Code of Ethics for Interpreters and Translators.

[3]　AVLIC (Association of Visual Language Interpreters of Canada) Code of Ethics and Guidelines for Professional Conduct.

of the source text. A faithful interpretation should not be confused with a literal interpretation. The fidelity of an interpretation includes an adaptation to make the form, the tone, and the deeper meaning of the source text felt in the target language and culture.

4.2 Impartiality

4.2.1 Members shall remain neutral, impartial and objective…

NRPSI[①]:

3. Procedure

Interpreters will

3.1 interpret truly and faithfully what is said, without anything being added, omitted or changed; in exceptional circumstances a summary may be given if requested and consented to by both parties;

3.4 intervene only

3.4.1 to ask for clarification

3.4.2 to point out that a party may not have understood something;

3.4.3 to alert the parties to a possible missed cultural reference;

3.4.4 to ask for accommodation for the interpreting process and inform all parties present of the reason for the intervention;

4. Ethical and professional Issues

4.2 act in an impartial and professional manner;

UN[②]:

以大会的六种正式语文的任何一种所作发言都口译成其他正式语文。为确保书发言的口译质量,代表团应向口译员提供发言稿,并以口译员能够跟上的速度发言。根据大会议事规则第五十三条,代表也可用正式语文以外的一种语文发言。

在此情况下,有关代表团必须提供口译或以正式语文之一提出书面发言稿。秘书处接受这项口译或发言稿为发言正式文本,由联合国口译员据此译成其他正式语文。但是,有关代表团应提供懂得该发言所使用的语文和该发言所译成的正式语文的人员("指示员")给联合国口译员,以便在整个译稿宣读的过程中指引口译员,并且保证发言人和口译员的时间密切配合。代表团如果以一种以上正式语文提供发言稿,应明确指定哪一个发言稿为正式文本。代表团如提供发言译稿,应在第 1 页明确

---

① NRPSI (National Register for Public Service Interpreters in the United Kingdom) Code of Conduct for Public Service Interpreters.

② 联合国（United Nations）第 60 届大会会议手册。

指出究竟应"照稿宣读",还是"以实际发言为准"。如果代表团希望逐字宣读它们的译稿,发言者的讲话如与讲稿有任何出入,增删部分就不可能在口译中反映出来。如果代表团认为,发言者的讲话可能与讲稿有出入,它们应该选择"以实际发言为准",口译就以发言者的讲话而不以译稿为准。在这种情况下,代表团应该知道听众所听到的口译将不一定与它们在发言前或发言期间分发给听众和新闻界的译稿一样。请在会议室发言的代表注意:他面前的传声器要等到主席请他发言时才发生扩音作用。为了确保发言的录音和口译做得尽可能好,请代表对准传声器清楚发言,特别是在报告数字、引述或者述说高度技术性的事情时,以及在宣读讲稿(另参看第 24 页)时,尤其请这样做。敲打传声器作试验,掀翻文件页次,使用移动电话等杂音也应予避免。各代表团经常受到发言时限的限制,但恳请在任何情况下都以正常速度 *(* 例如,英语的正常速度是每分钟100 个至 120 个字)发言,使口译可以准确、完整地翻译发言。为了时限而加快发言速度,口译质量将受影响。

附录 B　受访译员问卷回答统计

问题及选项	选择人数	占比
1. 如果讲者没有使用麦克风,您会:		
A. 发出"使用麦克风"提醒	73	95%
B. 不发出"使用麦克风"提醒	0	0
C. 其他(请您填写答案):	4	5%
2. 当您需要对自己的译语产出做更正的时候,您会:		
A. 说"对不起,译员更正"	5	6%
B. 说"对不起"后接更正内容	14	18%
C. 直接将更正内容接在需要更正的译语之后	50	66%
D. 其他(请您填写答案):	8	10%
3. 当讲者对听众提问,听众没有反应,现场出现很长时间的静默时,您会:		
A. 重复讲者的问题	53	69%
B. 不做任何译语操作	19	25%
C. 其他(请您填写答案):	5	6%
4. 当讲者使用 A 语言发言,在发言中出现双语(A 语言/源语 +B 语言/目标语)掺杂的话语,您会:		
A. 由始至终用 B 语言产出	50	65%
B. 在译语种将 B 语言翻译成 A 语言	13	17%
C. 其他(请您填写答案):	14	18%

问题及选项	选择人数	占比
5.当讲者小声说出一些与发言内容不直接相关的自言自语的内容时,您会:		
A.翻译出讲者自言自语的话语内容	10	13%
B.不翻译讲者自言自语的话语内容	55	71%
C.其他(请您填写答案):	12	16%
6.当讲者发出一些语气感叹词时,您会:		
A.翻译语气感叹词	32	42%
B.不翻译语气感叹词	24	31%
C.用源语言重复讲者的语气感叹词	4	5%
D.其他(请您填写答案):	17	22%
7.当讲者说一些无意义的词(如:well, all right, ok)时,您会:		
A.直接译出每一个无意义的词	6	8%
B.用一个或多个词表达所有无意义的词的意思	30	39%
C.不翻译这些无实际意义的词	30	39%
D.用源语言重复这些无意义的词	11	14%
E.其他(请您填写答案):		
8.当讲者在发言当中展现一些客气话的时候(如:不好意思啊,就说这么多…excuse me…),您会:		
A.直接翻译	47	61%
B.不翻译	8	10%
C.其他(请您填写答案):	22	29%
9.讲者测试话筒的时候说的话(如:喂喂,testing, testing),您会		

问题及选项	选择人数	占比
A. 直接翻译	19	25%
B. 不翻译	48	62%
C. 其他（请您填写答案）：	10	13%
10. 当讲者与其他人进行与发言内容无关的旁侧对话时，您会：		
A. 直接翻译	5	6%
B. 不翻译	40	52%
C. 向听众说明该对话与讲者发言无关	30	39%
D. 其他（请您填写答案）：	2	3%
11. 当讲者的话语内容出现表面意义和言外之意时，您会：		
A. 既翻译译表面意义，又翻译言外之意	37	48%
B. 只翻译译表面意义	4	5%
C. 只翻译译言外之意	15	19%
D. 其他（请您填写答案）：	21	27%
12. 当直译讲者的话语在目标语语境当中没有实际意义的时候，您会：		
A. 仍然直译	7	9%
B. 意译	60	78%
C. 其他（请您填写答案）：	10	13%
13. 当讲者的话语带有强烈的语气（如：愤怒、兴奋等）时，您会（可复选）：		
A. 使用一般的语气进行译语产出	14	18%
B. 模仿讲者的强烈语气	27	35%
C. 缓和强烈的负面语气	39	51%
D. 其他：	12	16%

问题及选项	选择人数	占比
14. 当讲者出现明显口误时,您会:		
A. 在译语中对口误进行主动纠错	55	71%
B. 不对口误进行纠错	11	14%
C. 其他(请您填写答案):	11	14%
15. 当讲者发言水平不高,话语逻辑性较差时,您会:		
A. 依照讲者的话语情况做译语产出	3	4%
B. 提高讲者的话语逻辑性,对其发言进行修饰	63	82%
C. 其他(请您填写答案):	11	14%
16. 当不同的讲者进行对话,期间没有停顿的时候,您会		
A. 针对不同的发言者进行停顿以显示话语的归属	27	35%
B. 连续不停顿地翻译	32	42%
C. 其他(请您填写答案):	19	25%
17. 您觉得同传译员在工作中是否会(请注意是 "会",不是 "应")对讲者形象进行修饰?		
A. 是(选择此项请从第 18 题往后继续作答)	61	79%
B. 否(选择此项请跳过第 18 题从第 19 题继续作答)	16	21%
18. 同传译员会以哪些方式修饰讲者形象? (可复选)		
A. 语气	34	44%
B. 意译	49	64%
C. 不译	34	44%
D. 译语比源语更胜一筹	33	43%
E. 其他(请您填写答案):	5	6%

问题及选项	选择人数	占比
19. 您认为译员对自己的错误进行更正展现了译员的责任吗？		
A. 是	71	92%
B. 否	1	1%
C. 其他（请您填写答案）：	5	7%
20. 您认为在不影响意思准确性和全面性的基础上，译员有责任为不善发言的讲者修饰语言吗？		
A. 有	41	53%
B. 无	27	35%
C. 其他（请您填写答案）：	9	12%
21. 您认为意译是译员的一种权利吗？		
A. 是	67	87%
B. 否	2	3%
C. 其他（请您填写答案）：	8	10%
22. 您认为译员有权利选择不译某些话语内容吗？		
A. 有（选择此项请从第 23 题往后继续作答）	48	62%
B. 无（选择此项请跳过第 23 题从第 24 题继续作答）	25	33%
C. 其他（请您填写答案）：	4	5%
23. 一般来说，怎样的话语内容您会选择不译？（请按优先顺序填写您的答案）	N/A	N/A
24. 假设译员对讲者的话语语气进行了修饰，您认为这是否展现了译员的立场？		

问题及选项	选择人数	占比
A. 是	38	49%
B. 否	29	38%
C. 其他（请您填写答案）：	10	13%
25. 您认为同传译员是否参与了双语交际？		
A. 是（选择此项请从第 26 题往后继续作答）	66	86%
B. 否（选择此项请跳过第 26 题从第 27 题继续作答）	8	10%
C. 其他（请您填写答案）：	3	4%
26. 您认为译员以怎样的方式参加双语交际？		
A. 意译	40	52%
B. 通过译语产出修饰了讲者的话语质量	36	47%
C. 通过译语产出修饰了讲者的语气	19	25%
D. 其他（请您填写答案）：	10	13%
27. 您认为同传译员可以做到隐身吗？		
A. 可以	28	36%
B. 不可以	40	52%
C. 其他（请您填写答案）：	9	12%
28. 您认为同传译员应该是隐身吗？		
A. 应该	47	61%
B. 不应该	17	22%
C. 其他（请您填写答案）：	13	17%

附录 C 译员调查问卷

问卷调查表说明：

1. 尊敬的译员老师,您好! 非常感谢您抽空填写本问卷。此问卷调查表是本人博士论文实证研究中的重要组成部分,您的观点和意见对本研究非常重要,再次感谢您的支持! 请您放心如实填写本问卷,本人将对您的个人信息和意见完全保密。

2. 本问卷以"会议同声传译"为主题,针对使用同传间(固定的或移动的)和专业同传收发设备所进行的同声传译而言,不包括耳语同传。

3. 请您根据个人的同传工作经验和感觉对问卷问题作出选择,所有的假设情景均发生在轮到您作为工作译员(您正在进行译语产出)在同传间工作的时候。

4. 请您用下划线标出选项(如: A. AIIC 会员),若无选项,请填写出您的答案(如:口译工作语言:英文 / 中文)

5. 除表明"可复选"的题目以外均为单选题。

同传译员问卷调查表

第一部分:

1. 如果讲者没有使用麦克风,您会:
发出"使用麦克风"提醒
不发出"使用麦克风"提醒
其他(请您填写答案):

2. 当您需要对自己的译语产出做更正的时候,您会:
说"对不起,译员更正"
说"对不起"后接更正内容

直接将更正内容接在需要更正的译语之后

其他(请您填写答案):

3. 当讲者对听众提问,听众没有反应,现场出现很长时间的静默时,您会:

重复讲者的问题

不做任何译语操作

其他(请您填写答案):

4. 当讲者使用 A 语言发言,在发言中出现双语(A 语言 / 源语 +B 语言 / 目标语)掺杂的话语,您会:

由始至终用 B 语言产出

在译语种将 B 语言翻译成 A 语言

其他(请您填写答案):

5. 当讲者小声说出一些与发言内容不直接相关的自言自语的内容时,您会:

翻译出讲者自言自语的话语内容

不翻译讲者自言自语的话语内容

其他(请您填写答案):

6. 当讲者发出一些语气感叹词时,您会:

翻译语气感叹词

不翻译语气感叹词

用源语言重复讲者的语气感叹词

其他(请您填写答案):

7. 当讲者说一些无意义的词(如: well, all right, ok)时,您会:

直接译出每一个无意义的词

用一个或多个词表达所有无意义的词的意思

不翻译这些无实际意义的词

用源语言重复这些无意义的词

其他(请您填写答案):

8. 当讲者在发言当中展现一些客气话的时候(如:不好意思啊,就说

这么多…excuse me…),您会:
　　直接翻译
　　不翻译
　　其他(请您填写答案):

9. 讲者测试话筒的时候说的话(如:喂喂, testing, testing),您会
　　直接翻译
　　不翻译
　　其他(请您填写答案):

10. 当讲者与其他人进行与发言内容无关的旁侧对话时,您会:
　　直接翻译
　　不翻译
　　向听众说明该对话与讲者发言无关
　　其他(请您填写答案):

11. 当讲者的话语内容出现表面意义和言外之意时,您会:
　　既翻译译表面意义,又翻译言外之意
　　只翻译表面意义
　　只翻译译言外之意
　　其他(请您填写答案):

12. 当直译讲者的话语在目标语语境当中没有实际意义的时候,您会:
　　仍然直译
　　意译
　　其他(请您填写答案):

13. 当讲者的话语带有强烈的语气(如:愤怒、兴奋等)时,您会(可复选):
　　使用一般的语气进行译语产出
　　模仿讲者的强烈语气
　　缓和强烈的负面语气
　　其他:

14. 当讲者出现明显口误时,您会:

在译语中对口误进行主动纠错

不对口误进行纠错

其他（请您填写答案）：

15. 当讲者发言水平不高，话语逻辑性较差时，您会：

依照讲者的话语情况做译语产出

提高讲者的话语逻辑性，对其发言进行修饰

其他（请您填写答案）：

16. 当不同的讲者进行对话，期间没有停顿的时候，您会：

针对不同的发言者进行停顿以显示话语的归属

连续不停顿地翻译

其他（请您填写答案）：

17. 您觉得同传译员在工作中是否会（请注意是"会"，不是"应"）对讲者形象进行修饰？

是（选择此项请从第 18 题往后继续作答）

否（选择此项请跳过第 18 题从第 19 题继续作答）

18. 同传译员会以哪些方式修饰讲者形象？（可复选）

语气

意译

不译

译语比源语更胜一筹

其他（请您填写答案）：

19. 您认为译员对自己的错误进行更正展现了译员的责任吗？

是

否

其他（请您填写答案）：

20. 您认为在不影响意思准确性和全面性的基础上，译员有责任为不善发言的讲者修饰语言吗？

有

无

其他(请您填写答案):

21. 您认为意译是译员的一种权利吗?
是
否
其他(请您填写答案):

22. 您认为译员有权利选择不译某些话语内容吗?
有(选择此项请从第 23 题往后继续作答)
无(选择此项请跳过第 23 题从第 24 题继续作答)
其他(请您填写答案):

23. 一般来说,怎样的话语内容您会选择不译?（请按优先顺序填写）
A.
B.
C.
D.
E.
（若还有其他答案,请您列出:　　　　　　　　　　）

24. 假设译员对讲者的话语语气进行了修饰,您认为这是否展现了译员的立场?
是
否
其他(请您填写答案):

25. 您认为同传译员是否参与了双语交际?
是(选择此项请从第 26 题往后继续作答)
否(选择此项请跳过第 26 题从第 27 题继续作答)
其他(请您填写答案):

26. 您认为译员以怎样的方式参加双语交际?
意译
通过译语产出修饰了讲者的话语质量
通过译语产出修饰了讲者的语气

其他(请您填写答案):

27. 您认为同传译员可以做到隐身吗?
可以
不可以
其他(请您填写答案):

28. 您认为同传译员应该是隐身吗?
应该
不应该
其他(请您填写答案):

29. 您是如何看待同传译员的角色的? (请您写出您的意见)

同传译员问卷调查表

第二部分: 译员背景

1. 性别:
男　女

2. 年龄:
28 岁以下　29 ~ 39 岁　40 ~ 49 岁　50 ~ 59 岁　60 岁以上

3. 教育水平:
大学本科　硕士　博士　其他:

4. 工作性质:
自由译者　教师兼自由译者　机构译者

5. 同传工作经验:
5 年以内　6 ~ 10 年　11 ~ 15 年　16 ~ 25 年　26 年以上

6. 口译培训背景:
口译专业毕业　口译培训班　岗前培训　无培训

7. 行业组织会员(请列出您所属于的行业组织):

8. 同传与交传工作比率: 1:1 2:1 3:1 4:1 5:1
                        1:2 1:3 1:4 1:5 其他:

9. 同传工作语言(母语/第一外语/第二外语):

尊敬的译员老师,再次感谢您的支持,如果您想获得本研究得出的最终结论,或愿意就"同传译员角色研究"问题与本人做进一步讨论,请留下您的联系方式,谢谢您!

附录 D 研究语料节选

讲者独白部分语料片段

D2M. T. M1（源语，下同）

So welcome back, everyone. I hope you have had a good night sleep. I know I have one. I was watching the waters park while I was making the conference call. It was a lot of fun. So, I like to start off this morning, uh, just hearing if there is any questions. Anything that you thought about last night or this morning that we should discuss before we finish up this section on on specify and move in to the practical application which are the simulation exercises. So I was asked to pause and I did. So from from the silence in the room, am I to assume there is full understanding, not a single question based on a hundred pages of material.（长时间停顿）Ok, here's my third generous offer, I am really here to help you understand, it's much less important whether you agree with me, but it is really important to me that you understand what I said and delivered. I have had comments that my English into your Chinese is not working, the interpretations are not correct, I had points that were very confused, but no one chooses to raise these points, so these were the three points I was told that was confusion about. So how about we just talk about that briefly, will that help? Or should we just jump out into the binder. I really like some opinions here, you are adults this is your learning.

D2M. T. M1. I1（译语，下同）

好，欢迎各位回来，希望大家昨晚都睡好了。我知道我睡得不错，我在，因为我在打电话会议的时候还看了水上乐园，挺好玩的。今天早上一开始，我想先看一下大家有什么问题。昨天晚上或今天早上，有没有想起来有什么话题我应该在现在讨论的呢？因为我们准备，完成这个详述这一块儿，然后呢，我们再完成模拟练习这最后一部分。我想停下来，看看大家有没有什么问题，那我也就停了一会儿。大家不出声，那我就假定，大家已经完全透彻地明白了，毫无疑问了。我们有一百多页的教材，大家一个问题都没有。好了我这是第三次请求大家提问，我真的希望能够帮助大家了解，其实不在乎说你同不同意我的观点，但至少你要明白我说的是什么意思，因为我的有些观点可能是通过英文转到中文，也许这一个翻译当中可能有一些是让人觉得混淆，但是呢，我还是之前，有人说有几点，我们讲的是让大家有些混淆的。我是不是应该跟大家分享一下这几个令人混淆的地方呢？我想听一下大家的意见。因为我们都是成人，我们是自己来学习。

D2M. T. M2

We are asking you maybe once or twice within those already scheduled visits, to pull out fifteen twenty or thirty minutes, where you can shift from selling to observing so you can coach later. We are not saying never sell as some people joked about yesterday, it's a poor joke, you are salespeople. But we are saying, as managers, this is an absolutely fundamental skills, and if you don't stop practicing it in small does, you will never rise up the leadership level. It's no longer to move up if you can not get the people beneath you to do more. Period. Does that clear up that confusion? Clear! Totally understood. Rock!（大笑）I mean it really matters to me, that that you understand, and I am not, I do care about this, I don't wanna be misleading or confusing, so I really appreciate these questions. Are there any more? I am not sure if this, yeah, it works, great.

D2M. T. M2. I2

可是我现在请你，大概用一次或者两次，这一个情况下，请你脱身出来。在十五分钟内，或者三十分钟内，脱身出来，不要再做指导销售的工作了，而是在做观察的工作，这样呢你就成为了一个辅导领导者。我并不是说像昨天有人说的一样，你永远不要进行销售，因为你是销售人员呐，但是我说的就是说，作为领导，作为经理人，重要的一点就是你要去观察，这是一个很重要的技术。你可以，你如果不这么做的话呢，你没有办法去做一个领导的，因为这是不可能去做好一个领导者的工作的。这就是我要讲的。我不知道我讲得清楚了吗，澄清了大家的这种困惑了吗？大家明白了吗？是吗？我觉得对我来讲非常重要的一点，那就是你明白我说的话，我非常非常重视这一点，我不想让大家觉得很困惑，所以我很感谢你的这个问题。还有没有其他的问题呢？

D2M. T. M3

But I know because I am studying this, and I have done nothing else in six years, every group I go out with, there are two or three people leave the room, they change their team. 'Cause they take on the whole idea, ask more tell less, focus on the desire of the other, and know what you are looking for. When you make those three shifts, you change your behavior and you watch your team grow. Your choice. So thank you for your question, that doubt I just have to let you own. Oh, I was also told to say BP compared some forty-five different programs before choosing this one, and our role is to grow it out globally, so as long as you work here, this is a preferred coaching program, I am afraid(大笑)to say that. So, any other questions? Any other points of confusion? We are really looking forward to helping you understand anything that is lingering before we continue moving on the rest of the delivery.（长时间停顿）We are ready to move on, I got one move on. Sort of, ok? So let's do that. So we were in the specify section on page fourteen. Oh.(大笑)It's funny it moves before I touched it.(大笑)Ok. So, one thing I wanna to say, yesterday we did the questioning exercise, so the questioning exercise was to help you understand the type of the question you currently ask, and to give you an idea of better questions. Ok?

D2M. T. M3. I2

那么，我学习，我在这个领域研究了很久，在过去的六年之中我一直在做这种事情。我花了，我想呢，还是有人在去做的，而且呢他们做的就是，讲得更少，问得更多，他们知道他们想寻求什么的东西，发生了这些变化以后，他的行为就发生了变化，你就会发现你的团队在改变，或者进步，他们在成长。非常感谢你的这个问题和疑问。你说 AB 公司呢，比较了四十五个项目，最终选择了我们的这一个项目。所以呢，这是全世界上，我觉得一个比较行之有效的一个项目。我忘了讲这一点了。好，还有没有其他的疑惑或者困惑，我希望大家能够明白一些要点，然后我们再进行下一个内容。好，那么是不是我们进行下一个内容。那么现在呢，我们在这个详述的这一个阶段。第十四页，这个是第十四页。哦，我还没碰它，它自己就动了。那么我想跟大家说的就是我们昨天做了一个提问的练习，帮助大家明白，你现在问的一些问题是怎么样的，告诉你怎么样的一些问题能够问得更好。

讲者互动部分语料片段

D1M. S2-T. QA1

A question.（没有用麦克风）

D1M. S2. QA1. I1

　　有个问题。

D1M. T-S2. QA1

A question.（讲者重复上一位讲者的话语）

D1M. T-S2. QA1. I1

　　有个问题。

D1M. S2-T. QA2

I want to find what's the most three, three most important tools in the lecture.

D1M. S2-T. QA2. I1

　　我想知道什么是三个最重要的工具…

D1M. T-S2. QA2

So, that's what you like to get out of the… Great, ok. So…

D1M.T-S2. QA2. I1

　　好的,这就是你想要了解的。

D1M. T-S2. QA3

We need a microphone so everybody can hear. But, I will write that down, ok ? Thank you…So, that's our first expectation.

D1M. T-S2. QA3. I1

　　我们希望每个人发言的时候都要用麦克风。那我会把它记录下来。……好了,我们第一个期望值就是我们三个最重要的辅导工具。

D1M. T-S3. QA1

Ok, so, Billy, can we pass it around the room. You go next. What's your expectation ？ What would you like to achieve ？

D1M. T-S3. QA1. I1

　　好了,Billy,我们可以传一下这个麦克风。你的期望值是什么。你觉得这个课程希望获得什么?

D1M. S3-T. QA1

I have attended the section before, and actually here I just want that everybody can learn from it and be a better coach from now（语调上扬）.

D1M. S3-T. QA1. I1

以前我参加过这一类的课程。所以这一次呢，我就希望每一个人都能够学习，然后呢，作为一个更好的一个辅导的角色。

D1M. S4-T. QA1

So, when I come here, I got the topic is based on the assumption, the coaching based on the assumption. I, I want to know what, what's mean coaching based on assumption.

D1M. S4-T. QA1. I1

我来这里之前呢，我想，我们是一个基于假设的教练，我想知道什么叫做基于假设的教练。

D1M. T-S4. QA1

Um, by assumption, do you mean hypothesis?

D1M. T-S4. QA1. I1

你说，就是说这个假定是吧？

D1M. S4-T. QA2

Yeah, yeah. I just got the topic this time.

D1M. S4-T.QA2. I1

是的，对，假定或假设，就是这一次的课题。

D1M. T-S4. QA2

Ok, so…

D1M. T-S4. QA2. I1

（没有翻译）

D1M. S4-T. QA3

Oh, aiya, sorry, I only got the Chinese name.（重叠话语）

D1M. S4-T. QA3. I1

啊，不好意思，我只看到中文。

<u>D1M. T–S4. QA3</u>

（大笑）Hahha，ok.

<u>D1M. T–S4. QA3. I1</u>

（没有翻译）

<u>D1M. S4–T. QA4</u>

So I want to know the detail meaning of this.

<u>D1M. S4–T. QA4. I1</u>

　我想知道这个意思的详细内容。

<u>D1M. T–S4. QA4</u>

Ok，the meaning. All right.（写黑板）Great，ok.

<u>D1M. T–S4. QA4. I1</u>

好的,就是说这个假设的意思。